丛书主编　范春娟

实用技能日语

（基础篇）

主　　编　王海燕　曲韬阳
副 主 编　贾素平　何　芳
编　　委　范春娟　郭艳秋　何　芳
　　　　　贾素平　李　丽　曲韬阳
　　　　　王海燕

南开大学出版社
天　津

图书在版编目(CIP)数据

实用技能日语.基础篇 / 王海燕,曲韬阳主编. 一天津：
南开大学出版社，2011.11
ISBN 978-7-310-03788-9

Ⅰ.①实… Ⅱ.①王… ②曲… Ⅲ.①日语－高等学
校－教材 Ⅳ.①H36

中国版本图书馆 CIP 数据核字(2011)第 208348 号

南开大学出版社出版发行

出版人:孙克强

地址:天津市南开区卫津路 94 号 邮政编码:300071

营销部电话:(022)23508339 23500755

营销部传真:(022)23508542 邮购部电话:(022)23502200

＊

河北昌黎太阳红彩色印刷有限责任公司印刷

全国各地新华书店经销

＊

2011 年 11 月第 1 版 2011 年 11 月第 1 次印刷

787×1092 毫米 16 开本 21.875 印张 489 千字

定价:45.00 元

如遇图书印装质量问题,请与本社营销部联系调换,电话:(022)23507125

前　言

随着大学三本、高职高专、职业技能学校的兴起，目前的日语教材已经满足不了这一层次的教学要求。为了培养这种日语能力的需求，使该类院校的日语专业毕业生毕业后即能在就业岗位上使用，我们调研了这一层次的毕业生日语使用情况，他们普遍认为，掌握基础日语知识，具有日语听、说、读、写的基本能力，就能适应岗位工作。为此，我们坚持"理论够用，动手能力强"，不贪求"大而全"的原则，编写了这套"实用技能日语"教材。这套教材共分三册。第一册为"基础篇"，第二册为"能力篇"，第三册为"应用篇"。

本册"基础篇"的特点是：

1．以听说为主。课文是以日本文化为背景的日常会话的形式，培养学生的口语表达能力。

2．为了调动学生的学习积极性，词汇以生动的图画表现，图文并茂，易记易懂。

3．语法讲解一反常规，是以浅显易懂的句型操练为主，例句不给译文。主要让学生集中精力地听教师讲解并通过反复互动练习，独立地掌握该课知识。

4．短文是配合课文会话而设置的，主要让学生阅读理解，培养读解能力。

5．练习部分分句型和会话练习。特别是会话练习，通过看图说话，以寓教于乐、主动学习为主，发挥学生的思考能力，提高口语表达。

6．配有学生练习册，这是我们本教材的一大特点。为了巩固课文的学习，练习册全面地展开了听、说、读、写、译的技能训练，配有录音。练习册既可当学生的作业本，同时可保留教师在练习册上的批改，使学生能自查出在哪个技能或知识点上的不足，以利改正。在练习册里根据进度设置了单元测验，让学生归纳和自查所学的知识。

7．根据教材内容，书后附有词汇索引、语法归纳、句型归纳和相关的日本文化知识。

"能力篇"是在"基础篇"后，以国际日本语能力 N 3、N4 或 J-TEST 的 E、F 级以上为目标，把读解和听力作为技能训练重点。而"应用篇"则把就业前和就业后的实际应用作为学习重点。

我们的编写队伍是老中青相结合的本科及高职第一线的任课教师。他们既了解学生，又有丰富的教学实践经验。我相信，本套教材一定适合这一层次的学生使用。

另外，在教材编写过程中得到了方方面面的关心和帮助，其中要特别感谢日本国际交流基金提供的部分图片；感谢兰福祝老师对教材的编排和音频效果的整合；更要感谢南开大学出版社张彤老师的大力支持。配套的音频资料是由東正義（日本）、于桥（日本）、曲韬阳录制的，在此，一并表示感谢。

由于编者的水平、能力有限，书中的疏漏及谬误在所难免，恳请广大读者批评、指正。

编　者

2011 年 7 月 28 日

目　录

五十音图

段\行	あ段 平假名	あ段 片假名	あ段 罗马字	い段 平假名	い段 片假名	い段 罗马字	う段 平假名	う段 片假名	う段 罗马字	え段 平假名	え段 片假名	え段 罗马字	お段 平假名	お段 片假名	お段 罗马字
あ行	あ	ア	a	い	イ	i	う	ウ	u	え	エ	e	お	オ	o
か行	か	カ	ka	き	キ	ki	く	ク	ku	け	ケ	ke	こ	コ	ko
さ行	さ	サ	sa	し	シ	shi	す	ス	su	せ	セ	se	そ	ソ	so
た行	た	タ	ta	ち	チ	chi	つ	ツ	tsu	て	テ	te	と	ト	to
な行	な	ナ	na	に	ニ	ni	ぬ	ヌ	nu	ね	ネ	ne	の	ノ	no
は行	は	ハ	ha	ひ	ヒ	hi	ふ	フ	fu	へ	ヘ	he	ほ	ホ	ho
ま行	ま	マ	ma	み	ミ	mi	む	ム	mu	め	メ	me	も	モ	mo
や行	や	ヤ	ya				ゆ	ユ	yu				よ	ヨ	yo
ら行	ら	ラ	ra	り	リ	ri	る	ル	ru	れ	レ	re	ろ	ロ	ro
わ行	わ	ワ	wa										を	ヲ	o
拨音	ん	ン	n												

浊音

	あ段 平假名	あ段 片假名	あ段 罗马字	い段 平假名	い段 片假名	い段 罗马字	う段 平假名	う段 片假名	う段 罗马字	え段 平假名	え段 片假名	え段 罗马字	お段 平假名	お段 片假名	お段 罗马字
が行	が	ガ	ga	ぎ	ギ	gi	ぐ	グ	gu	げ	ゲ	ge	ご	ゴ	go
ざ行	ざ	ザ	za	じ	ジ	ji	ず	ズ	zu	ぜ	ゼ	ze	ぞ	ゾ	zo
だ行	だ	ダ	da	ぢ	ヂ	ji	づ	ヅ	zu	で	デ	de	ど	ド	do
ば行	ば	バ	ba	び	ビ	bi	ぶ	ブ	bu	べ	ベ	be	ぼ	ボ	bo

半浊音

	あ段 平假名	あ段 片假名	あ段 罗马字	い段 平假名	い段 片假名	い段 罗马字	う段 平假名	う段 片假名	う段 罗马字	え段 平假名	え段 片假名	え段 罗马字	お段 平假名	お段 片假名	お段 罗马字
ぱ行	ぱ	パ	pa	ぴ	ピ	pi	ぷ	プ	pu	ぺ	ペ	pe	ぽ	ポ	po

拗 音 表

きゃ キャ kya	きゅ キュ kyu	きょ キョ kyo	ひゃ ヒャ hya	ひゅ ヒュ hyu	ひょ ヒョ hyo	じゃ ジャ jya	じゅ ジュ jyu	じょ ジョ jyo
しゃ シャ sha	しゅ シュ shu	しょ ショ sho	みゃ ミャ mya	みゅ ミュ myu	みょ ミョ myo	びゃ ビャ bya	びゅ ビュ byu	びょ ビョ byo
ちゃ チャ cha	ちゅ チュ chu	ちょ チョ cho	りゃ リャ rya	りゅ リュ ryu	りょ リョ ryo	ぴゃ ピャ pya	ぴゅ ピュ pyu	ぴょ ピョ pyo
にゃ ニャ nya	にゅ ニュ nyu	にょ ニョ nyo	ぎゃ ギャ gya	ぎゅ ギュ gyu	ぎょ ギョ gyo			

あ い う え お
か き く け こ
さ し す せ そ
た ち つ て と
な に ぬ ね の
は ひ ふ へ ほ
ま み む め も
や （い） ゆ （え） よ
ら り る れ ろ
わ （い） （う） （え） を
ん

ア	イ	ウ	エ	オ
カ	キ	ク	ケ	コ
サ	シ	ス	セ	ソ
タ	チ	ツ	テ	ト
ナ	ニ	ヌ	ネ	ノ
ハ	ヒ	フ	ヘ	ホ
マ	ミ	ム	メ	モ
ヤ	（イ）	ユ	（エ）	ヨ
ラ	リ	ル	レ	ロ
ワ	（イ）	（ウ）	（エ）	ヲ
ン				

七世纪后，日本开始学习和借用中国的汉字。在使用汉字的过程中，他们感到了种种的不便，于是，日本人的祖先便在汉字的基础上创造了自己的文字——假名。假名分为平假名和片假名。

日语书写时将汉字和假名混合使用，还有罗马字和阿拉伯数字等。现代日语中的常用汉字为 1945 个，此外还有一些人名、地名用字。

一、日本文字

1. 汉字：　娘　切手　料理　丈夫　　红葉　優勝

日语中汉字的写法，有与现代汉语相同的，也有不同的。另外日本人自己也创造了一些汉字。如：

　　　　込　　畑　　辻　　峠

2. 假名：平假名，是在汉字草书的基础上创造的文字，用于一般的书写和印刷。

　　　　片假名，是在汉字楷书的基础上，利用偏旁部首创造的文字。故书写规范，横平竖直。用于记载外来语等特殊词汇。

3. 罗马字：除了汉字和假名，有时也用拉丁字母表记日语，这些用来表记日语的拉丁字母称为罗马字。在计算机里输入日文时也多用罗马字，所以同时也要记住。如：

　　　　TOKYO　　OSAKA　　SONI　　NEC

二、单词的声调

日语单词的声调是用高低来表示，具体表示方法有多种，本教材用⓪、①、②、③、④型等表示声调。

⓪　第一个假名是低音，后面假名均为高音。

①　第一个假名是高音，后面假名均为低音。

②　第一个假名是低音，第二个假名为高音，后面的假名均为低音。

③　第一个假名是低音，第二、三个假名为高音，后面的假名均为低音。

④　第一个假名是低音，第二、三、四个假名为高音，后面的假名均为低音。

* 其他声调依此类推。

三、音节

日语发音中，一个假名为一个音节，占一拍；拨音、促音、长音、拗音是特殊音节，也各占一拍。

四、语音

日语的假名各有一定的排列顺序。把清音按其发音的规则排列成的表，叫做 50 音图。表的横行称「行」，每行 5 个假名，共 10 行。纵向称「段」，每段 10 个假名，共 5 段。其实，在 50 音图里，「い」、「え」各出现 3 次，「う」出现 2 次，加上拨音「ん」，50 音图里共有 46 个假名。浊音共有 20 个，但其中有两组发音相同而写法不同。半浊音有 5 个。此外还有促音、长音、拗音、拗长音、拗促音、拗拨音。

按行、按段背诵 50 音图对我们进入语法学习，有很重要的作用。

第1課　清音
<ruby>清<rt>せい</rt></ruby><ruby>音<rt>おん</rt></ruby>

あ行元音

　　あ行的 5 个假名是元音，除可单独发音外，还可以与其他辅音相拼构成各段假名的发音。

平假名	あ	い	う	え	お
片假名	ア	イ	ウ	エ	オ
罗马字	a	i	u	e	o

词例

平假名	声调	片假名	汉字	罗马字	中文
あおい	②	アオイ	[青い]	aoi	蓝的
うえ	②	ウエ	[上]	ue	上面
いえ	②	イエ	[家]	ie	家
おおい	②	オオイ	[多い]	ooi	多的
え	⓪	エ	[絵]	e	画
あう	①	アウ	[会う]	au	会面

か行清音

平假名	か	き	く	け	こ
片假名	カ	キ	ク	ケ	コ
罗马字	ka	ki	ku	ke	ko

词例

平假名	声调	片假名	汉字	罗马字	中文
かお	⓪	カオ	[顔]	kao	脸
き	①	キ	[木]	ki	树
くい	①	クイ	[食い]	kui	吃
け	⓪	ケ	[毛]	ke	头发
こい	①	コイ	[鯉]	koi	鲤鱼
あき	①	アキ	[秋]	aki	秋天
こえ	①	コエ	[声]	koe	声音
いけ	②	イケ	[池]	ike	池子
いく	②	イク	[行く]	iku	去

さ行清音

平假名	さ	し	す	せ	そ
片假名	サ	シ	ス	セ	ソ
罗马字	sa	si	su	se	so

词例

あし	②	アシ	[足]	asi	脚
うし	⓪	ウシ	[牛]	usi	牛
しか	②	シカ	[鹿]	sika	鹿
すいか	⓪	スイカ	[西瓜]	suika	西瓜
かさ	①	カサ	[傘]	kasa	伞
そこ	⓪	ソコ	[底]	soko	底
けしき	①	ケシキ	[景色]	kesiki	景色
しかく	③	シカク	[四角]	sikaku	四角形

た行清音

平假名	た	ち	つ	て	と
片假名	タ	チ	ツ	テ	ト
罗马字	ta	ti	tu	te	to

词例

あした	③	アシタ	[明日]	asita	明天
ちしき	①	チシキ	[知識]	tisiki	知识
つくえ	⓪	ツクエ	[机]	tukue	书桌
ことし	⓪	コトシ	[今年]	kotosi	今年
ちかてつ	⓪	チカテツ	[地下鉄]	tikatetu	地铁
たかい	②	タカイ	[高い]	takai	高
おとこ	③	オトコ	[男]	otoko	男人
つき	②	ツキ	[月]	tuki	月亮
ちち	①②	チチ	[父]	titi	父亲

な行清音

平假名	な	に	ぬ	ね	の
片假名	ナ	ニ	ヌ	ネ	ノ
罗马字	na	ni	nu	ne	no

词例

いぬ	②	イヌ	[犬]	inu	狗
なつ	②	ナツ	[夏]	natu	夏天
いのち	①	イノチ	[命]	inoti	生命
あに	①	アニ	[兄]	ani	哥哥

あね	⓪	アネ	[姉]	ane	姐姐
あなた	②	アナタ	[貴方]	anata	你
ねこ	①	ネコ	[猫]	neko	猫
にく	②	ニク	[肉]	niku	肉
うえの	⓪	ウエノ	[上野]	ueno	上野（地名）
におい	②	ニオイ	[匂い]	nioi	气味
なく	②	ナク	[泣く]	naku	哭泣
ぬの	⓪	ヌノ	[布]	nuno	布

は行清音

平假名	は	ひ	ふ	へ	ほ
片假名	ハ	ヒ	フ	ヘ	ホ
罗马字	ha	hi	hu	he	ho

词例

はは	①	ハハ	[母]	haha	母亲
はな	②	ハナ	[花]	hana	花
ひと	⓪	ヒト	[人]	hito	人
ふね	①	フネ	[船]	fune	船
ほね	②	ホネ	[骨]	hone	骨头
さいふ	⓪	サイフ	[財布]	saifu	钱包
ひとつ	②	ヒトツ	[一つ]	hitotu	一个
ほし	⓪	ホシ	[星]	hosi	星星
はち	②	ハチ	[八]	hati	八（数字）

ま行清音

平假名	ま	み	む	め	も
片假名	マ	ミ	ム	メ	モ
罗马字	ma	mi	mu	me	mo

词例

あめ	①	アメ	[雨]	ame	雨
みみ	②	ミミ	[耳]	mimi	耳朵
め	①	メ	[目]	me	眼睛
まめ	②	マメ	[豆]	mame	豆
むし	⓪	ムシ	[虫]	musi	虫子
もも	⓪	モモ	[桃]	momo	桃子
いま	①	イマ	[今]	ima	现在
うみ	①	ウミ	[海]	umi	海
うま	②	ウマ	[馬]	uma	马
むすめ	③	ムスメ	[娘]	musume	女儿

まえ	①	マエ	[前]	mae	前面
みせ	②	ミセ	[店]	mise	店铺
もつ	①	モツ	[持つ]	motu	拿

や行清音

	や	い	ゆ	え	よ
平假名	や	い	ゆ	え	よ
片假名	ヤ	イ	ユ	エ	ヨ
罗马字	ya	i	yu	e	yo

词例

やま	②	ヤマ	[山]	yama	山
やすみ	③	ヤスミ	[休み]	yasumi	休息
ふゆ	②	フユ	[冬]	fuyu	冬天
やさい	⓪	ヤサイ	[野菜]	yasai	蔬菜
ゆき	②	ユキ	[雪]	yuki	雪
よやく	⓪	ヨヤク	[予約]	yoyaku	预定
やくそく	⓪	ヤクソク	[約束]	yakusoku	约会
へや	②	ヘヤ	[部屋]	heya	房间
よこはま	⓪	ヨコハマ	[横浜]	yokohama	横滨（地名）
よこ	⓪	ヨコ	[横]	yoko	横
ゆめ	②	ユメ	[夢]	yume	梦
おゆ	⓪	オユ	[お湯]	oyu	热水

ら行清音

	ら	り	る	れ	ろ
平假名	ら	り	る	れ	ろ
片假名	ラ	リ	ル	レ	ロ
罗马字	ra	ri	ru	re	ro

词例

さくら	⓪	サクラ	[桜]	sakura	樱花
そら	①	ソラ	[空]	sora	天空
とり	⓪	トリ	[鳥]	tori	鸟
はる	①	ハル	[春]	haru	春天
これ	⓪	コレ		kore	这个
ろく	②	ロク	[六]	roku	六（数字）
くるま	⓪	クルマ	[車]	kuruma	车
しろい	②	シロイ	[白い]	siroi	白色的
くろい	②	クロイ	[黒い]	kuroi	黑色的
さる	①	サル	[猿]	saru	猴
はれ	②	ハレ	[晴れ]	hare	晴天
よる	①	ヨル	[夜]	yoru	夜
ふろ	①②	フロ	[風呂]	furo	洗澡

わ行清音

平假名		わ	い	う	え	を
片假名		ワ	イ	ウ	エ	ヲ
罗马字		wa	i	u	e	o

词例

わたし	⓪	ワタシ	[私]	watasi	我
かいわ	⓪	カイワ	[会話]	kaiwa	会话
かわ	②	カワ	[川]	kawa	河
わかい	②	ワカイ	[若い]	wakai	年轻的
こわい	②	コワイ	[怖い]	kowai	可怕的
わしつ	⓪	ワシツ	[和室]	wasitu	日式房间
いわし	⓪	イワシ	[鰯]	iwasi	沙丁鱼
テニス	①			tenisu	网球
わに	①	ワニ	[鰐]	wani	鳄鱼

拨音

拨音（即鼻音）是一个特殊音节。它既不能单独用，也不能用于词首，只能接在其他假名之后，构成该假名的鼻音。拨音的发音占一拍。

平假名	ん
片假名	ン
罗马字	n

例	あん	いん	うん	えん	おん
	an	in	un	en	on
	かん	きん	くん	けん	こん
	kan	kin	kun	ken	kon

词例

にほん	②	ニホン	[日本]	nihon	日本
ほん	①	ホン	[本]	hon	书
てんき	①	テンキ	[天気]	tenki	天气
おんな	③	オンナ	[女]	onna	女
かんじ	⓪	カンジ	[漢字]	kanzi	汉字
しんぶん	⓪	シンブン	[新聞]	sinbun	报纸
みんな	⓪	ミンナ	[皆]	minna	大家
にんむ	①	ニンム	[任務]	ninmu	任务
さんか	①⓪	サンカ	[参加]	sanka	参加

第2課　濁音、半濁音
<ruby>濁音<rt>だくおん</rt></ruby>　<ruby>半濁音<rt>はんだくおん</rt></ruby>

在清音か行、さ行、た行、は行假名的右上方添加浊音符号「〝」，就构成日语的浊音。浊音符号的笔顺为自上向下。浊音共有4行，20个假名。

が行浊音

平假名	が	ぎ	ぐ	げ	ご
片假名	ガ	ギ	グ	ゲ	ゴ
罗马字	ga	gi	gu	ge	go

注：当が行浊音假名位于词中或词尾时，可以读成鼻浊音。在拟声词、拟态词及外来语中一般不读成鼻浊音。

<u>词例</u>

がいこく	⓪	ガイコク	[外国]	gaikoku	外国
ぎかい	①	ギカイ	[議会]	gikai	议会
ぐあい	⓪	グアイ	[具合]	guai	情形
ひがし	⓪	ヒガシ	[東]	higasi	东
ごご	①	ゴゴ	[午後]	gogo	下午
がたがた	⓪	ガタガタ		gatagata	咣当咣当(拟态词)
ぎし	①	ギシ	[技師]	gisi	技师
かぐ	①	カグ	[家具]	kagu	家具
がいか	①	ガイカ	[外貨]	gaika	外币
およぐ	②	オヨグ	[泳ぐ]	oyogu	游泳
かぎ	②	カギ	[鍵]	kagi	钥匙
はげしい	③	ハゲシイ	[激しい]	hagesii	激烈的
げき	①	ゲキ	[劇]	geki	戏剧

ざ行浊音

平假名	ざ	じ	ず	ぜ	ぞ
片假名	ザ	ジ	ズ	ゼ	ゾ
罗马字	za	zi	zu	ze	zo

<u>词例</u>

ざせき	⓪	ザセキ	[座席]	zaseki	座位
ちず	①	チズ	[地図]	tizu	地图
かぞく	①	カゾク	[家族]	kazoku	家属
かじ	①	カジ	[家事]	kazi	家务

| かぜ | ② | カゼ | [風] | kaze | 风 |
| ぞくご | ⓪ | ゾクゴ | [俗語] | zokugo | 俗语 |

だ行濁音

平假名	だ	ぢ	づ	で	ど
片假名	ダ	ヂ	ヅ	デ	ド
罗马字	da	di	du	de	do

注：だ行的「ぢ」和「づ」与ザ行的「じ」、「ず」的发音完全相同（但在电脑输入时需使用各自所对应的罗马字）。

词例

だいがく	⓪	ダイガク	[大学]	daigaku	大学
まど	①	マド	[窓]	mado	窗户
ドア	①			doa	门
からだ	⓪	カラダ	[体]	karada	身体
つづく	③	ツヅク	[続く]	tuduku	连续
ちぢむ	③	チヂム	[縮む]	tidimu	缩小
でる	①	デル	[出る]	deru	出去，出来
どこ	①	ドコ		doko	哪里
ドイツ	①			doitu	德国

ば行濁音

平假名	ば	び	ぶ	べ	ぼ
片假名	バ	ビ	ブ	ベ	ボ
罗马字	ba	bi	bu	be	bo

词例

そば	①	ソバ	[傍]	soba	旁边
ビデオ	①			bideo	录像机
あぶら	⓪	アブラ	[油]	abura	油
たべる	②	タベル	[食べる]	taberu	吃
ぼく	①	ボク	[僕]	boku	我（男子自称）
ごみばこ	③	ゴミバコ		gomibako	垃圾箱
いちば	①	イチバ	[市場]	itiba	市场
バス	①			basu	公共汽车
わさび	①	ワサビ	[山葵]	wasabi	芥末
よぶ	②	ヨブ	[呼ぶ]	yobu	招呼
ぶた	⓪	ブタ	[豚]	buta	猪
ビザ	①			biza	签证
かべ	⓪	カベ	[壁]	kabe	墙壁

ぱ行半濁音

平假名	ぱ	ぴ	ぷ	ぺ	ぽ
片假名	パ	ピ	プ	ペ	ポ
罗马字	pa	pi	pu	pe	po

注：半浊音只有一行，5 个假名。它是由は行清音假名派生出来的，在外来语中使用较多。

词例

パス	①	pasu	通过
ピアノ	⓪	piano	钢琴
プラス	⓪①	purasu	加，正
オペラ	①	opera	歌剧
ポスト	①	posuto	信箱
ピザ	①	piza	披萨饼
プロ	①	puro	专家，职业性的
プログラム	③	puroguramu	程序表

第 3 課　長音、促音
<ruby>長音<rt>ちょうおん</rt></ruby>　<ruby>促音<rt>そくおん</rt></ruby>

长音

　　将一个假名中的元音拉长一拍的音叫长音。长音分别用"あいうえお"来表示。外来语一律用符号"一"表示。罗马字的长音符号为"ˆ"，有时也用双元音表示。表记方法如下：

1. あ段假名　＋あ　　　→ああ　　かあ　　なあ　　やあ
2. い段假名　＋い　　　→いい　　きい　　しい　　にい
3. う段假名　＋う　　　→くう　　すう　　つう　　ふう
4. え段假名　＋い（え）→えい　　けい　　せい　　ねえ
5. お段假名　＋う（お）→おう　　こう　　そう　　おお

词例

おかあさん	②	オカアサン	[お母さん]	okaasan	母亲
おばあさん	②	オバアサン	[お祖母さん]	obaasan	祖母
おにいさん	②	オニイサン	[お兄さん]	oniisan	哥哥
ちいさい	③	チイサイ	[小さい]	tiisai	小的
すうがく	⓪	スウガク	[数学]	suugaku	数学
つうやく	①	ツウヤク	[通訳]	tuuyaku	翻译
せんせい	③	センセイ	[先生]	sensei	老师
えいご	⓪	エイゴ	[英語]	eigo	英语
おねえさん	②	オネエサン	[お姉さん]	oneesan	姐姐
おとうさん	②	オトウサン	[お父さん]	otousan	父亲
ほうほう	⓪	ホウホウ	[方法]	houhou	方法
おおさか	⓪	オオサカ	[大阪]	oosaka	大阪（地名）
デパート	②			depaato	百货商店
ノート	①			nooto	笔记本
タクシー	①			takusii	出租车

促音

　　发音时，用发音器官的某一部分（舌、喉头、双唇）堵住气流，形成一音拍的顿挫，然后使气流急冲而出，这种顿挫音叫促音。

　　促音发生在「か、さ、た、ぱ」4 行假名之前，用靠右下小写的「っ」来表示。促音处停顿时间应达到一音拍。

舌尖促音

促音发声在さ行、た行之前

词例

ざっ<u>し</u>	⓪	ザッシ	[雑誌]	zzassi	杂志
みっ<u>つ</u>	⓪	ミッツ	[三つ]	mittu	三个
よっ<u>つ</u>	⓪	ヨッツ	[四つ]	yottu	四个
がっ<u>さ</u>く	⓪	ガッサク	[合作]	gassaku	合作
きっ<u>て</u>	⓪	キッテ	[切手]	kitte	邮票
きっ<u>さ</u>てん	⓪③	キッサテン	[喫茶店]	kissaten	咖啡厅
けっ<u>せき</u>	⓪	ケッセキ	[欠席]	kesseki	缺席
いっ<u>そう</u>	⓪	イッソウ	[一層]	issou	更，更加
インターネット	⑤			inta-netto	因特网

喉头促音

促音发声在か行之前

词例

がっ<u>こう</u>	⓪	ガッコウ	[学校]	gakkou	学校
ゆっ<u>くり</u>	③	ユックリ		yukkuri	慢慢地
サッカー	①			sakka-	足球
はっ<u>き</u>	⓪	ハッキ	[発揮]	hakki	发挥
ぶっ<u>か</u>	⓪	ブッカ	[物価]	bukka	物价

双唇促音

促音发声在ぱ行之前

词例

りっ<u>ぱ</u>	⓪	リッパ	[立派]	rippa	出色，优秀
にっ<u>ぽん</u>	③	ニッポン	[日本]	nippon	日本
コップ	⓪			koppu	玻璃杯
いっ<u>ぱい</u>	①	イッパイ	[一杯]	ippai	一杯
きっ<u>ぷ</u>	⓪	キップ	[切符]	kippu	票
げっ<u>ぺい</u>	⓪	ゲッペイ		geppei	月饼

第4課　拗音、拗長音、拗促音、拗撥音

拗音

拗音是由「い」段假名（含浊音，半浊音，「い」除外）和复元音「や」、「ゆ」、「よ」拼读起来的音节，共有36个。在「い」段假名后面右下角加小写的「や」「ゆ」「よ」表示。此外，「じゃ」「じゅ」「じょ」和「ぢゃ」「ぢゅ」「ぢょ」的发音其实完全相同。

词例

きょり	①	キョリ	[距離]	kyori	距离
キャベツ	①			kyabetu	卷心菜
しゃしん	⓪	シャシン	[写真]	syasin	照片
じゅけん	⓪	ジュケン	[受験]	zyuken	接受考试
しゅじゅつ	①	シュジュツ	[手術]	syuzyutu	手术
じしょ	①	ジショ	[辞書]	zisyo	词典
おちゃ	⓪	オチャ	[お茶]	otya	茶
ひゃく	②	ヒャク	[百]	hyaku	百
かいしゃ	⓪	カイシャ	[会社]	kaisya	公司

拗长音

拗长音是拗音的长音形式，表记方法与长音相同。如：

や拗音	＋	あ	→	きゃあ	じゃあ	ちゃあ	びゃあ
ゆ拗音	＋	う	→	ちゅう	りゅう	みゅう	ひゅう
よ拗音	＋	う	→	きょう	にょう	ぎょう	ぴょう
外来語	＋	ー	→	ニュース	シャープ	コンピューター	

词例

きょうしつ	⓪	キョウシツ	[教室]	kyousitu	教室
ちゅうごく	①	チュウゴク	[中国]	tyuugoku	中国
じゅぎょう	①	ジュギョウ	[授業]	zyugyou	授课
きゅうじつ	⓪	キュウジツ	[休日]	kyuuzitu	休息
しょうかい	⓪	ショウカイ	[紹介]	syoukai	介绍
りゅうがく	⓪	リュウガク	[留学]	ryuugaku	留学
びょういん	⓪	ビョウイン	[病院]	byouin	医院
ちょうじょう	⓪	チョウジョウ	[長城]	tyouzyou	长城

じゅう	①	ジュウ	[十]	zyuu	十
じょうようしゃ	③	ジョウヨウシャ	[乗用車]	zyouyousya	轿车
スケジュール	③			sukezyuuru	日程表
メニュー	①			menyu-	菜单
ギョーザ	⓪			gyouza	饺子

拗促音

词例

しゅっちょう	⓪	シュッチョウ	[出張]	syuttyou	出差
しょっき	⓪	ショッキ	[食器]	syokki	食具
しゅっせき	⓪	シュッセキ	[出席]	syusseki	出席
ちょっと	①	チョット		tyotto	稍微，一点儿
チャット	①			tyatto	网聊
しゅっこく	⓪	シュッコク	[出国]	syukkoku	出国

拗拨音

词例

じゅんび	①	ジュンビ	[準備]	zyunbi	准备
じゅんじょ	①	ジュンジョ	[順序]	zyunzyo	顺序
きじゅん	⓪	キジュン	[基準]	kizyun	基准
シャンプ	①			syanpu	洗发水
しゅんかん	⓪	シュンカン	[瞬間]	syunkan	瞬间

数的表达方法

1 （いち）	40 （よんじゅう）…
2 （に）	百 （ひゃく）
3 （さん）	三百 （さんびゃく）
4 （し、よん）	四百 （よんひゃく）
5 （ご）	六百 （ろっぴゃく）
6 （ろく）	七百 （ななひゃく）
7 （しち、なな）	八百 （はっぴゃく）…
8 （はち）	千 （せん）
9 （く、きゅう）	三千 （さんぜん）
10 （じゅう）	八千 （はっせん）…
11 （じゅういち）	一万 （いちまん）
12 （じゅうに）	十万 （じゅうまん）
18 （じゅうはち）	百万 （ひゃくまん）
20 （にじゅう）	一千万 （いっせんまん）
23 （にじゅうさん）	億 （おく）

日语的特征

    1. 日语属粘着语，词与词、句与句之间依靠助词、助动词的粘着来表示它们在句中的地位或语法功能，所以掌握助词、助动词极为重要。

    2. 日语的词序比较灵活，谓语一般在句末，修饰语（即定语和状语）放在被修饰语之前，一般语序是主 → 补 →宾 →谓。主语有时会被省略。

    3. 日语的表达方式根据对方的身份和地位有敬体和简体之分。另外，敬语使用普遍，根据说话人的亲疏、内外关系使用不同的敬语，因而比较复杂。

    4. 日语的声调是高低型的。声调的变化发生在假名和假名之间。每个假名代表一个音拍。拗音也是一个音拍，促音、拨音均分别是一个音拍。

单词的分类

    按其意义、形态或职能加以分类，本书分为十二种。

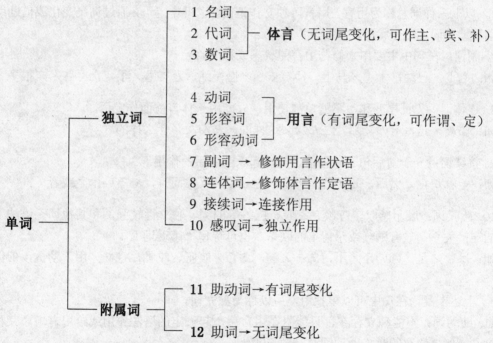

为以后查用方便，分别将上述词解释如下：

    日语单词分为独立词和附属词。助词、助动词之外的词都具有独立的意义，在句中能独立存在，所以总称为独立词。相反，助词和助动词在句中不能独立存在，只能附在独立词的后面起一定的语法作用，所以总称为附属词。

1. 名词：表示人或事物的名称。

如：がくせい／学生，ほん／书，つくえ／桌子，ピアノ／钢琴

2. 代词：表示代替人，事物或场所，方向等的名词的词。

如：これ／这个，それ／那个，わたし／我，あなた／你，あそこ那里／こちら／这一边

3. 数词：表示人或事物的数量，顺序的词。

如：いち／一，さん／三，だいよん／第四，ひとつ／一个，ふたつ／二个
    みっつ／三个，ごばん／第五，ひゃく／一百，ろくだい／六台

* 以上三种词总称为体言。体言可作主语、补语、宾语，还可和判断助动词结合起来作谓语。

4. 动词：表示人或事物的动作、行为、发展变化的词。

如：ある／有，いく／去，歩く／走，話す／说，飛ぶ／飞，勉強する／学习

5. 形容词：表示人或事物的性质、状态的词。

如：明るい／明亮的，小さい／小的，高い／高的，大きい／大的，寒い／寒冷的，
    白い／白色的

6. 形容动词：表示人或事物的性质或状态，在性质上是形容词，但词形和词尾变化不同。

如：元気／健康，きれい／漂亮、干净，便利／方便，静か／安静

* 以上三种词总称为用言。用言可独立作谓语，也可作定语，通过词尾变化或借助助词、助动词还可作状语。

7. 副词：在句中主要用来修饰用言的状态或程度。

如：もう／已经，すぐ／马上，ゆっくり／慢慢地，とても／很，たくさん／很多

8. 连体词：无词尾变化，不能单独使用，只能用于体言前面作定语。

如：この／这，その／那，こんな／这样的，どんな／什么样的

9. 接续词：介于前后句子或词语之间，起承前启后的作用。

如：それから／然后，しかし／可是，そして／又、而且，あるいは／或者

10. 感叹词：表示感叹、呼唤、哀叹、应答等的词。独立性较强，和其他词无语法上的连接关系。只有语气或感情上的联系，也可称作"感动词"。

如：はい／是，いいえ／不，ああ／啊，あら／哎呀、哎哟，さあ／用于劝诱、催促
    等意

* 上述十类词在句中可以单独用，所以称为独立词。

11. 助动词：不能独立存在，只能附在用言后，起一定的语法作用或给用言增添某种意义。但要注意的是，助动词没有词形变化。

如：ない（表示否定），た（表示完了、过去时态），そうだ（传闻、表示听说），たい（表示希望、愿望）…

12. 助词：也不能独立存在，只能附于各种单词后，表示该词在句中的地位或与其他词的关系，或增添某种意义。但要注意的是，助词没有词形变化。

如：は、が、の、と、から、まで、など、ので…

第5課　私は中国人です

単语

先生（せんせい）③　　　sensei　　　[名]　　　老师

学生（がくせい）◎　　　gakusei　　[名]　　　学生

女（おんな）③　　　　　onna　　　 [名]　　　女

学校（がっこう）◎　　　gakkou　　 [名]　　　学校

中国（ちゅうごく）①　　tyuugoku　 [名]　　　中国

インド①　　　　　　　　indo　　　 [名]　　　印度

韓国（かんこく）◎　　　kankoku　　[名]　　　韩国

日本（にほん）②　　　　nihon　　　[名]　　　日本

アメリカ④　　　　　　　amerika　　[国名]　　美国

おはようございます	ohayougozaimasu	［寒暄语］	早上好
はじめまして	hazimemasite	［寒暄语］	初次见面
どうぞよろしくお願いします		［寒暄语］	请多关照
こちらこそ	kotirakoso	［惯用］	彼此彼此
私（わたし）⓪	watasi	［代］	我
あの人（あのひと）②	anohito	［代］	那个人
～人（じん）①	zin	［接尾］	～人
～さん⓪	san	［接尾］	接人名，表示尊敬
事務の人（じむのひと）①	zimunohito	［名］	行政人员
はい①	hai	［感］	是，是的
いいえ③	iie	［感］	不，不是
張（ちょう）③	tyou	［姓］	中国人姓
アンジニ⓪	anzini	［姓］	印度人姓
キム①	kimu	［姓］	韩国人姓
だれ①	dare	［代］	谁

★　　　　　★　　　　　★

日本語（にほんご）⓪	nihongo	［名］	日语
北京大学（ぺきんだいがく）④	pekindaigaku	［名］	北京大学
クラス①	kurasu	［名］	班级
あなた②	anata	［代］	你
～歳（さい）①	sai	［接尾］	～岁
男（おとこ）③	otoko	［名］	男
英語（えいご）⓪	eigo	［名］	英语

课文

1　A：おはようございます。
　　B：おはようございます。

　　A：はじめまして。私（わたし）は中国（ちゅうごく）の張（ちょう）です。

　　B：はじめまして。私（わたし）はアンジニです。

インド人です。どうぞよろしくお願いします。

A: こちらこそ　よろしく。

2　A: 張 さんは学生ですか。

B: はい、そうです。学生です。アンジニさんは？

A: 私 も学生です。

B: そうですか。アンジニさんの先生はだれですか。

A: 私 の先生は田中先生です。 女 の先生です。

3　A: あの人はだれですか。

B: あの人はキムさんです

A: キムさんも中 国 人ですか。

B: いいえ、中 国 人ではありません。韓国人です。キムさんは学校の事務の

人です。

语法・句型

1　体言 は 体言 です。

「～は～です。」是判断句型。相当于汉语的"……是……"。

「は」是提示助词，读作「わ」，接在名词、代词后面提示主题。「です」是判断
助动词，相当于汉语的「是」。

例：

▲　私 は 張 です。

▲　あの人は先生です。

▲ 田中さんは日本人です。

▲ キムさんは学生です。

▲ 李さんは21歳です。

2 体言 は 体言の～です

句子里的「の」是表示定语的格助词，接在名词、代词后面表示所属，相当于汉语的"的"。

「AはBの～です。」翻译成汉语是"A是B的～。"

例：

▲ わたしは中国の王です。

▲ 山田先生は日本語の先生です。

▲ あの人は北京大学の学生です。

3 体言 は 体言 ですか。

这是判断句的疑问形式。「か」是日语的终助词，接在句子末尾，相当于问号或汉语的"吗"。

「AはBですか。」的句型相当于汉语的"A是B吗？"

例：

▲ あの人は日本人ですか。

▲ あなたはAクラスの学生ですか。

▲ 佐藤さんは先生ですか。

▲ 王さんは事務の人ですか。

4 体言 は 体言 ではありません。

这是判断句的否定形式。「ではありません」是判断助动词「です」的否定式。这里的「は」是提示助词，提示主语，念成「わ」。

「AはBではありません。」相当于汉语的"A不是B"。

例：

▲　私はアメリカ人ではありません。

▲　田中さんは中国人ではありません。

▲　あの人は事務の人ではありません。

▲　木村さんは日本語の先生ではありません。

▲　Cクラスの先生は女の先生ではありません。

5　体言　は　体言　です。　体言　も　体言です。

　　句子里的「も」也是提示助词，接在名词后面，表示添加，相当于汉语的"也"。
　　「AはBです。CもBです。」译成汉语是"A是B。C也是B。"

例：

▲　張さんは中国人です。高さんも中国人です。

▲　陳さんは女の学生です。王さんも女の学生です。

▲　恵子さんは25歳です。太郎も25歳です。

▲　キムさんはBクラスの学生です。パクさんもBクラスの学生です。

▲　マリさんはアメリカ人です。サリさんもアメリカ人です。

6　体言　は　だれですか。

　　这是判断句的疑问形式。「だれ」是"谁"的意思。

　　「Aは誰ですか。」相当于汉语的"A是谁？"

例：

▲　日本人の先生は誰ですか。

▲　韓国人の学生は誰ですか。

▲　あなたのクラスの先生は誰ですか。

说明

　　一般问句的答句，如是肯定的，用「はい」。相当于汉语"是、是的"。

例：田中さんは日本人ですか。→　はい、田中さんは日本人です。

　　上述例句的答句中，重复了和问句相同的部分。为了避免这类重复，可按下述方式，用「そうです」来回答。

例：田中さんは日本人ですか。→　はい、そうです。

　　如果是否定的，用「いいえ、そうではありません」。相当于汉语的"不、不是"。

例：林 さんは日本人ですか。→　いいえ、そうではありません。

短文

自己 紹 介

　　みなさん、はじめまして、私 は王です。ソフトウェア学院の一年生です。専攻は電子工学です。出 身は大連です。今年は 21 歳です。私 の趣味はインターネットです。どうぞよろしくお願いします。

补充单词

自己紹介（じこしょうかい）③	zikosyoukai	［名・自サ］	自我介绍
みなさん②	minasan	［代］	大家
ソフトウェア④	sofutouxea	［名］	软件
学院（がくいん）⓪	gakuin	［名］	学院
一年生（いちねんせい）③	itinensei	［名］	一年级学生
専攻（せんこう）⓪	senkou	［名］	专业
電子工学（でんしこうがく）④	densikougaku	［名］	电子工程学
出身（しゅっしん）⓪	syussin	［名］	出生
大連（だいれん）①	dairen	［地名］	大连
今年（ことし）⓪	kotosi	［名］	今年
趣味（しゅみ）①	syumi	［名］	兴趣
インターネット⑤	inta-netto	［名］	因特网

练习

一、仿照例句进行句型替换练习。

1 例： 私（わたし）＝中国人（ちゅうごくじん） → 私（わたし）は中国人（ちゅうごくじん）です。

① 私（わたし）＝日本人（にほんじん）→

② 私（わたし）＝先生（せんせい）→

③ 私（わたし）＝20歳（はたち）→

2 例： 私（わたし）＝中国（ちゅうごく）、王玲（おうれい） → 私（わたし）は中国（ちゅうごく）の王玲（おうれい）です。

1 　　　　2 　　　　3

① 私（わたし）＝日本（にほん）、学生（がくせい）→

② あの人（ひと）＝アメリカ、ブラウンさん→

③ あの人（ひと）＝女（おんな）、学生（がくせい）→

3 例：あの人（ひと）＝田中（たなか）さん？→あの人（ひと）は田中（たなか）さんですか。

① あの人（ひと）＝英語（えいご）の先生（せんせい）？→

② あの人（ひと）＝事務（じむ）の人（ひと）？→

③ あの人（ひと）＝林（はやし）さん？→

④ あなたの先生（せんせい）＝男（おとこ）の先生（せんせい）？→

⑤ あなたのクラス＝Aクラス？→

4 例： 私（わたし）≠学生（がくせい） → 私（わたし）は学生（がくせい）ではありません。

①　私 ≠ 日本人→

②　私 ≠ 王→

③　あの人 ≠ A クラスの学生→

④　B クラスの先生 ≠ 男 の先生→

⑤　私 の先生 ≠ 女 の先生→

5　例：高さん＝中国人、私 ＝中国人

　　　　→高さんは中国人です。私 も中国人です。

①　サリさん＝アメリカ人、ブラウンさん＝アメリカ人

　　→

②　パクさん＝C クラスの学生、 林 さん＝C クラスの学生

　　→

③　私 ＝21歳、王さん＝21歳

　　→

二、仿照例句进行会话练习。

1　例：あなたはアメリカ人ですか。（はい）

　　　　→はい、アメリカ人です。

①　金さんは中国人ですか。（はい）　→

②　金さんは事務の人ですか。（はい）　→

③　あの人も事務の人ですか。（いいえ）　→

④　あなたはC クラスの学生ですか。（いいえ）　→

⑤ Bクラスの先生は青木先生ですか。（いいえ）→

⑥ Cクラスの先生は森先生ですか。（はい）→

2 看图说话。

林さん	沙里さん	秦さん	青木先生
Aクラス	Cクラス	事務の人	Cクラス
学生	学生	24歳	女
25歳	25歳	韓国	日本語の先生
中国	インド		日本

（1）① 林さんはAクラスの学生ですか。→

② サリさんはアメリカ人ですか。→

③ 秦さんはCクラスの学生ですか。→

④ 青木先生は男の先生ですか。→

（2）「誰ですか。」

① 先生はだれですか。→

② インドの学生はだれですか。→

③ Ａクラスの学生はだれですか。→

④ 女の学生はだれですか。→

⑤ Ｃクラスの学生はだれですか。→

三、閲読短文回答问题。

① 王さんの専攻は電子工学ですか。

② 王さんの出身は瀋陽ですか。

③ 王さんの趣味はインターネットですか。

日常用语

おはようございます。／早上好。
こんにちは。／你好（白天）。
こんばんは。／你好（晩上好）。

第6課　これは私の傘です

単词

鞄（かばん）⓪	kaban	[名]	包
傘（かさ）①	kasa	[名]	伞
辞書（じしょ）①	zisyo	[名]	词典
ボールペン⓪	bo-rupen	[名]	圆珠笔
ノート①	no-to	[名]	笔记本
教科書（きょうかしょ）③	kyoukasyo	[名]	教材
本（ほん）①	hon	[名]	书
英語（えいご）⓪	eigo	[名]	英语
これ⓪	kore	[代]	这，这个
それ⓪	sore	[代]	那，那个
あれ⓪	are	[代]	那，那个
どれ①	dore	[疑]	哪个
この⓪	kono	[连体词]	这个（只能修饰体言）
その⓪	sono	[连体词]	那个（只能修饰体言）
あの⓪	ano	[连体词]	那个（只能修饰体言）
どの①	dono	[疑]	哪个（只能修饰体言）

★　　　★　　　★

鉛筆（えんぴつ）⓪	enpitu	[名]	铅笔
靴（くつ）②	kutu	[名]	鞋

ペン①	pen	［名］	笔
消しゴム（けしごむ）⓪	kesigomu	［名］	橡皮擦

课文

1　A：こんにちは。

　　B：こんにちは。

　　A：これは鈴木さんのかばんですか。

　　B：はい、そうです。それは鈴木さんのかばんです。

2　A：それは王さんの傘ですか。

　　B：いいえ、これは王さんの傘ではありません。

　　A：それはだれの傘ですか。

　　B：これは私のです。

　　A：王さんの傘はどれですか。

　　B：王さんのはあれです。

3　A：この辞書はだれのですか。

　　B：その辞書は張さんのです。

　　A：張さんはどの人ですか。

　　B：張さんはあの人です。

语法・句型

1　これ／それ／あれ　は　体言です。

　　「これ」「それ」「あれ」「どれ」是指示代词。它们用来指示物品或事物，有近称、中称、远称之分。

「これ」属近称，指示说话人身边的事物。

「それ」属中称，指示听话人身边的事物。

「あれ」属远称，指示不在说话人与听话人身边的事物。

「どれ」表示疑问，指代未知的事物，相当于汉语的"哪一个"。

例：

▲　これはボールペンです。

▲　それはあなたの辞書_{じしょ}ですか。

▲　あれは先生_{せんせい}の 教 科書_{きょうかしょ}です。

2　体言　は　これ／それ／あれです。
**　　体言　は　これ／それ／あれですか。**

指示代词「これ、それ、あれ、どれ」还可以做谓语。

例：

▲　私_{わたし} のかばんはこれです。

▲　あなたのかばんはあれです。

▲　田中さんのかばんはどれですか。

3　この／その／あの／どの　～

指示代词「これ」「それ」「あれ」「どれ」可以单独使用，但「この」「その」「あの」「どの」是连体词，要接在事物名称前面，不能独立使用。当然この／その／あの／どの+名词与说话人、听话人的关系，和「これ」「それ」「あれ」「どれ」相同。

「この」属近称，指示说话人身边的事物。

「その」属中称，指示听话人身边的事物。

「あの」属远称，指示不在说话人、听话人身边的事物。

「どの」表示疑问，相当于汉语的"哪一个"。

例：

▲　この本は英語の本です。

▲　あの人は中国人の李さんです。

▲　そのかばんは佐藤さんのかばんです。

▲　張さんはどの人ですか。

4　あなたの本＝あなたの

張さんの教科書＝張さんの

だれの傘＝だれの

AのB（B的省略），当B是A的所属物，并且在前文已有交代时，可以简略说成「Aのです」。其他场合不能如此省略。

例：

これは野田さんの傘です。　　＝　　この傘は野田さんの傘です。

‖　　　　　　　　　　　　　　　　‖

これは野田さんのです。　　　　　この傘は野田さんのです。

短文

私たちの大学

あれは私たちの大学です。近くの建物は大学の本館です。一階と二階と三階

は全部事務室です。

本館の後ろの建物は教学ビルです。八階建てです。教室のほか、先生の

研究室は七階と八階です。LL教室は二階です。

教学ビルの 隣 は図書館です。毎 週 の日曜日は図書館の 休 館 日です。図書館

の 東 側 は体育館です。図書館の 隣 は学生の 寮 です。

补充单词

私たち（わたしたち）④	watasitati	[代]	我们
大学（だいがく）⓪	daigaku	[名]	大学
近く（ちかく）②	tikaku	[名]	附近
建物（たてもの）②③	tatemono	[名]	建筑物
本館（ほんかん）⓪	honkan	[名]	主楼
～階（かい）①	kai	[助数]	～（建筑物的）层
全部（ぜんぶ）①	zenbu	[名・副]	全都
事務室（じむしつ）③	zimusitu	[名]	办公室
後ろ（うしろ）⓪	usiro	[名]	后面
教学ビル（きょうがくビル）⑤	kyougakubiru	[名]	教学楼
～建て（～だて）⓪	date	[名]	～层建筑
ほか⓪	hoka	[名]	其他
研究室（けんきゅうしつ）③	kenkyuusitu	[名]	研究室
LL教室（エルエルきょうしつ）⑤	eruerukyousitu	[名]	语音实验室
隣（となり）⓪	tonari	[名]	旁边
図書館（としょかん）②	tosyokan	[名]	图书馆
毎週（まいしゅう）⓪	maisyuu	[名]	每周
日曜日（にちようび）③	nitiyoubi	[名]	星期天
休館日（きゅうかんび）③	kyuukanbi	[名]	闭馆日
東側（ひがしがわ）⓪	higasigawa	[名]	东侧
体育館（たいいくかん）⑤	taiikukan	[名]	体育馆
寮（りょう）①	ryou	[名]	宿舍

練習

一、仿照例句进行句型替换练习。

1　例：これ・ノート→これはノートです。

　①　これ・英語の本→

　②　これ・王さんのノート→

③ それ・鉛筆→

④ それ・山田先生の辞書→

⑤ あれ・かばん→

⑥ あれ・だれのかさ→

2 例：私・教科書・これ→ 私 の教科書はこれです。

① 田中さん・ノート・これ→

② 王さん・ボールペン・それ→

③ パクさん・傘・あれ→

④ あなた・靴・どれ→

3 例：この本・私の本→この本は私の本です。

① その・本・日本語の本→

② その・ペン・張さんのペン→

③ あの・ノート・陳さんのノート→

④ その・かさ・だれのかさ→

⑤ この・辞書・佐藤さんの→

⑥ あの・消しゴム・だれの→

二、仿照例句进行会话练习。

1例：これは佐藤さんのノートですか。

① ② ③

① それは 張 さんのボールペンです。

② あれは李さんの日本語の本です。

③ これは 私 のかばんです。

A 例：これは佐藤さんのノートですか。はい、佐藤さんのです。

①
②
③

B 例：佐藤さんのノートはこれですか。はい、これです。

①
②
③

2 看图说话

例：これはだれのかばんですか。

① 傘　　　　② 辞書　　　　③ かばん

三、阅读短文回答问题。

① 教学ビルは八階建てですか。

② 図書館の休館日は毎週の土曜日ですか。

③ 図書館の隣は学生の寮です。

日常用语

はじめまして。／初次见面。
どうぞ、よろしくお願いします。／请多关照。

第7課　電話は机の上にあります

単词

果物（くだもの）②	kudamono	［名］	水果
教室（きょうしつ）⓪	kyousitu	［名］	教室
テレビ①	terebi	［名］	电视
冷蔵庫（れいぞうこ）③	reizouko	［名］	冰箱
ビール①	biiru	［名］	啤酒
電話（でんわ）⓪	denwa	［名］	电话
机（つくえ）⓪	tukue	［名］	桌子
部屋（へや）②	heya	［名］	房间
花屋（はなや）②	hanaya	［名］	花店

レストラン①	resutoran	[名]	西餐馆
猫（ねこ）①	neko	[名]	猫
犬（いぬ）②	inu	[名]	狗
卵（たまご）②⓪	tamago	[名]	鸡蛋
スーパー①	su-pa-	[名]	超市
郵便局（ゆうびんきょく）③	yuubinkyoku	[名]	邮局
図書館（としょかん）②	tosyokan	[名]	图书馆
こんばんは	konbanha	[寒暄语]	晚上好
すみません	sumimasen	[寒暄语]	对不起
いる⓪	iru	[自上一]	有、在（人和动物）
ある①	aru	[自五]	有、在（事物）
どこ①	doko	[名]	哪里
陳（ちん）①	tin	[姓]	中国人姓
何（なに）①	nani	[名]	什么
前（まえ）①	mae	[名]	前面
後ろ（うしろ）⓪	usiro	[名]	后面
外（そと）①	soto	[名]	外面
上（うえ）⓪	ue	[名]	上面
中（なか）①	naka	[名]	里面
近く（ちかく）②	tikaku	[名]	附近
など①	nado	[副助]	等等
何もありません	nanimoarimasen		什么都没有
★	★		★
中国語（ちゅうごくご）⓪	tyuugokugo	[名]	汉语
駅（えき）①	eki	[名]	火车站
病院（びょういん）⓪	byouin	[名]	医院
ここ⓪	koko	[代]	这里
そこ⓪	soko	[代]	那里
あそこ⓪	asoko	[代]	那里
銀行（ぎんこう）⓪	ginkou	[名]	银行
木（き）①	ki	[名]	树

下（した）⓪	sita	[名]	下面
オフィス①	ofisu	[名]	办公室
バス ①	basu	[名]	公共汽车
パン①	pan	[名]	面包
いす⓪	isu	[名]	椅子
黒板（こくばん）⓪	kokuban	[名]	黑板
財布（さいふ）⓪	saifu	[名]	钱包
～屋（～や）	ya	[接尾]	店
ハンカチ⓪③	hankati	[名]	手绢
鳥（とり）⓪	tori	[名]	鸟
自動車（じどうしゃ）②	zidousya	[名]	汽车
車（くるま）⓪	kuruma	[名]	车
ホテル①	hoteru	[名]	宾馆
自転車（じてんしゃ）②	zitensya	[名]	自行车
喫茶店（きっさてん）⓪	kissaten	[名]	咖啡店
デパート②	depa-to	[名]	百货公司
公園（こうえん）⓪	kouen	[名]	公园
トイレ①	toire	[名]	洗手间
右（みぎ）⓪	migi	[名]	右
左（ひだり）⓪	hidari	[名]	左

课文

1　A：こんばんは。

　　B：こんばんは。

　　A：<ruby>教<rt>きょうしつ</rt></ruby> 室 に<ruby>誰<rt>だれ</rt></ruby>がいますか。

　　B：<ruby>木村先生<rt>きむらせんせい</rt></ruby>とサリさんがいます。

　　A：<ruby>佐藤<rt>さとう</rt></ruby>さんはどこにいますか。

　　B：<ruby>佐藤<rt>さとう</rt></ruby>さんは<ruby>図書館<rt>としょかん</rt></ruby>にいます。

2　A：<ruby>部屋<rt>へや</rt></ruby>の<ruby>中<rt>なか</rt></ruby>には<ruby>猫<rt>ねこ</rt></ruby>がいますか。

　　B：はい、います。

　　A：<ruby>犬<rt>いぬ</rt></ruby>もいますか。

B：いいえ、犬はいません。外にいます。

3　A：冷蔵庫の中に何がありますか。

B：ミルクや卵や果物などがあります。

A：ビールもありますか。

B：いいえ、ビールはありません。

4　A：すみません。陳さん。

B：何？

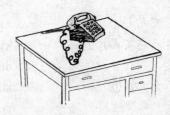

A：電話はどこにありますか。

B：私の机の上にあります。

5　A：すみません。郵便局はどこですか。

B：花屋の後ろです。

A：郵便局の近くに何がありますか。

B：スーパーやレストランなどがあります。

语法・句型

1　体言 に 体言 が います／あります。

　①这是存在句。存在句的谓语是表示人、动物或事物存在的「います」或「あります」，相当于汉语的"有"，"在"。其中，「います」表示人或动物的存在；「あります」表示事物的存在。

　②「に」是补格助词，接在体言后，表示存在的场所，相当于"在"。

　③「が」是主格助词，接在体言后，表示主语。

例：

　▲学校に学生がいます。

▲教室に田中さんがいます。

▲机の上に中国語の本があります。

▲駅の前に病院があります。

▲あそこにだれがいますか。

▲あそこに何がありますか。

2 体言は体言にいます／あります。

这是存在句的另一种表达形式。相当于汉语的"～在～里"。同样,「います」表示人或动物;「あります」表示事物。用终助词「か」构成疑问句。

例:

▲田中さんは教室にいます。

▲銀行は病院の前にあります。

▲野田さんはどこにいますか。

▲郵便局はどこにありますか。

3 场所代词

「ここ」/这里;「そこ」/那里;あそこ/那里(指不在说话人身旁)。

▲ここは学校です。

▲そこは銀行です。

▲あそこは郵便局です。

4 方位的表达。 体言+方位词

例: 木の下　　椅子の上　　テレビの右　　かばんの中
　　郵便局の左　　銀行の前　　田中さんの後ろ

5 体言は体言にいます／あります　＝　体言は体言です。

表示存在的句子有时可以用判断句的形式出现。要译成"在"。

例:

▲田中さんはオフィスにいます＝田中さんはオフィスです。

▲郵便局は駅の前にあります＝郵便局は駅の前です

▲張さんはどこにいますか＝張さんはどこですか。

▲銀行はどこにありますか＝銀行はどこですか。

6 体言に体言や体言や体言などがあります。

「や」是并列助词，接在体言后。表示几个并列的同类事物。「など」是副助词，通常和「や」呼应，表示举出一例暗示还有其他。相当于汉语的"～啦～啦等等"。例：

▲教室に机や椅子や黒板などがあります。

▲机の上に本やノートやボールペンなどがあります。

▲かばんの中に辞書やハンカチや財布などがあります。

7 終助詞「よ」

「よ」接在句子末尾表示强调或提醒。相当于汉语的"啊"

▲ここに本はありませんよ。

▲あの人は王ですよ。

短文

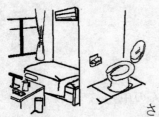

田中さんの部屋

田中さんのマンションの隣に喫茶店があります。田中さんの部屋は一階です。部屋は和室です。台所とお風呂があります。トイレもあります。部屋に机とベッドがあります。それから、エアコンもあります。家賃は 88,000 円です。

部屋にペットはいません。

补充单词

マンション①	mansyon	[名]	高级公寓
和室（わしつ）⓪	wasitu	[名]	日式房间
台所（だいどころ）⓪	daidokoro	[名]	厨房
お風呂（おふろ）②	ofuro	[名]	浴室
ベッド①	beddo	[名]	床
それから④	sorekara	[接続]	还有
エアコン⓪	eakon	[名]	空调
ペット①	petto	[名]	宠物
家賃（やちん）①	yatin	[名]	房租
円（えん）①	en	[名]	日元

練習

一、仿照例句进行句型替换练习。

1　例：銀行・右・郵便局　→　銀行の右に郵便局があります。

① 病院・左・レストラン　→

② 自動車・前・自転車　→

③ 公園・後ろ・花屋　→

2 例：

<ruby>車<rt>くるま</rt></ruby>・<ruby>近<rt>ちか</rt></ruby>く・<ruby>男<rt>おとこ</rt></ruby>の<ruby>子<rt>こ</rt></ruby> → <ruby>車<rt></rt></ruby>の<ruby>近<rt></rt></ruby>くに<ruby>男<rt></rt></ruby>の<ruby>子<rt></rt></ruby>がいます。

① バス・<ruby>中<rt>なか</rt></ruby>・<ruby>人<rt>ひと</rt></ruby> →

② <ruby>木<rt>き</rt></ruby>・<ruby>上<rt>うえ</rt></ruby>・<ruby>鳥<rt>とり</rt></ruby> →

③ <ruby>椅子<rt>いす</rt></ruby>・<ruby>下<rt>した</rt></ruby>・<ruby>猫<rt>ねこ</rt></ruby> →

二、仿照例句进行会话练习。

1 例： <ruby>山田<rt>やまだ</rt></ruby>さん、<ruby>図書館<rt>としょかん</rt></ruby>

A：<ruby>山田<rt>やまだ</rt></ruby>さんはどこにいますか。

B：<ruby>図書館<rt>としょかん</rt></ruby>にいます。

① <ruby>銀行<rt>ぎんこう</rt></ruby>、<ruby>駅<rt>えき</rt></ruby>の<ruby>前<rt>まえ</rt></ruby> →A：_____ B：_____

②<ruby>佐藤先生<rt>さとうせんせい</rt></ruby>、<ruby>教室<rt>きょうしつ</rt></ruby> →A：_____ B：_____

③トレイ、あそこ →A：_____ B：_____

④ <ruby>林<rt>はやし</rt></ruby>さん、<ruby>事務室<rt>じむしつ</rt></ruby> →A：_____ B：_____

⑤<ruby>王<rt>おう</rt></ruby>さん、<ruby>李<rt>り</rt></ruby>さんの<ruby>後<rt>うし</rt></ruby>ろ →A：_____ B：_____

2 例 A：<ruby>喫茶店<rt>きっさてん</rt></ruby>はどこにありますか。

B：ホテルの<ruby>隣<rt>となり</rt></ruby>／<ruby>駅<rt>えき</rt></ruby>のそばにあります。

① <ruby>病院<rt>びょういん</rt></ruby>   ② <ruby>銀行<rt>ぎんこう</rt></ruby>   ③ デパート   ④ スーパー

3 例：<ruby>銀行<rt>ぎんこう</rt></ruby>、<ruby>郵便局<rt>ゆうびんきょく</rt></ruby>

A：すみません。<ruby>銀行<rt>ぎんこう</rt></ruby>はどこにありますか。

B：あそこです。

A：どこですか。

B：郵便局の前です。

① パン屋、レストランの隣

② 病院、デパートの前

③ 喫茶店、ホテルの中

4　例：男の人、陳さん

A：あそこに男の人がいますね。あの人は誰ですか。

B：あれは陳さんです。

① 学生、張さん　　② 女の先生、木村さん　　③ 男の子、田中さん

三、阅读短文回答问题。

① 田中さんのマンションの隣に何がありますか。

② 田中さんの部屋は何階ですか。

③ 部屋に何がありますか。

日常用语

じゃ、またね。／那么，再见。

おやすみなさい。／晚安。

第8課　このケーキはおいしいです

単词

遠い（とおい）⓪	tooi	[名]	远的
ケーキ　①	ke-ki	[名]	点心，蛋糕
髪が長い（かみがながい）	kamiganagai	[词组]	头发长的
写真（しゃしん）⓪	syasin	[名]	照片
おばあさん②		[名]	祖母，外祖母
おじいさん②		[名]	祖父，外祖父
家（いえ）②	ie	[名]	家
広い（ひろい）②	hiroi	[形]	宽敞、宽广的
どう　　　①	dou	[副]	怎么样，如何
わあ　　　①	waa	[感]	哇啊（意外惊喜发出的声音）
そうですか	soudesuka	[词组]	是吗
おいしい⓪	oisii	[形]	好吃的
家族（かぞく）①	kazoku	[名]	家人
何歳（なんさい）①	nansai	[疑]	几岁
かな⓪	kana	[终助]	表示轻微疑问
背が高い（せがたかい）	segatakai	[词组]	个子高
姉（あね）⓪	ane	[名]	姐姐
お姉さん（おねえさん）②	oneesan	[名]	姐姐（用于称呼）
ええ	ee	[叹]	嗯

	★		★		★

狭い（せまい）②	semai	［形］	狭窄的
明るい ⓪	akarui	［形］	明亮的
難しい ⓪	muzukasii	［形］	难的
やさしい ⓪	yasasii	［形］	和蔼的
日本料理（にほんりょうり）④	nihonryouri	［名］	日本菜
勉強（べんきょう）⓪	benkyou	［名、サ変］	学习
カメラ①	kamera	［名］	照相机
どんな①	donna	［連体］	什么样的
雑誌（雑誌）⓪	zassi	［名］	杂志
象（ぞう）①	zou	［名］	象
鼻（はな）②	hana	［名］	鼻子
山（やま）②	yama	［名］	山
ジュース①	zyu-su	［名］	果汁
薄い（うすい）②	usui	［形］	薄的、淡的
熱い（あつい）②	atui	［形］	热的
冷たい（つめたい）③⓪	tumetai	［形］	凉的、冷淡的
安い（やすい）②	yasui	［形］	便宜的
重い（おもい）②⓪	omoi	［形］	沉的、重的
軽い（かるい）②⓪	karuo	［形］	轻的
大きい（おおきい）③	ookii	［形］	大的
小さい（ちいさい）③	tiisai	［形］	小的
狭い（せまい）②	semai	［形］	狭窄的
高い（たかい）②	takai	［形］	高的
低い（ひくい）②	hikui	［形］	矮的
暑い（あつい）②	atui	［形］	热的
寒い（さむい）②	samui	［形］	寒冷的
短い（みじかい）③	mizikai	［形］	短的
新しい（あたらしい）④	atarasii	［形］	新的
古い（ふるい）②	furui	［形］	旧的
面白い（おもしろい）④	omosiroi	［形］	有趣的
速い（はやい）②	hayai	［形］	快的
遅い（おそい）②	osoi	［形］	慢的、迟的
黒い（くろい）②	kuroi	［形］	黑色的
いい①	ii	［形］	好的
忙しい（いそがしい）③	isogasii	［形］	忙碌的
頭がいい（あたまがいい）	atamagaii	［形］	聪明的
足（あし）②	asi	［名］	脚
目（め）①	me	［名］	眼睛

弟（おとうと）④	otouto	[名]	弟弟
妹（いもうと）④	imouto	[名]	妹妹
飛行機（ひこうき）②	hikouki	[名]	飞机
船（ふね）①	fune	[名]	船
新幹線（しんかんせん）③	sinkansen	[名]	新干线
地下鉄（ちかてつ）⓪	tikatetu	[名]	地铁
美しい（うつくしい）④	utukusii	[形]	美丽的，漂亮的
悪い（わるい）②	warui	[形]	坏的，不好的
～月（～がつ）⓪	gatu	[名]	～月
東京（とうきょう）⓪	toukyou	[地名]	东京
町（まち）②	mati	[名]	城市
国（くに）⓪	kuni	[名]	国家
富士山（ふじさん）①	fuzisan	[名]	富士山
兄（あに）①	ani	[名]	哥哥
カレーライス④	kare-raisu	[名]	咖喱饭
シャツ①	syatu	[名]	衬衫
可愛い（かわいい）③	kawaii	[形]	可爱的，漂亮的

课文

1　A：田中さんの家は学校から遠いですか。

　　B：はい、遠いです。

　　A：田中さんの部屋は広いですか。

　　B：いいえ、広くないです。

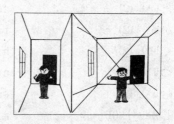

2　A：鈴木さん、このケーキはどうですか。

　　B：わあ、おいしいです。

　　A：そうですか。

3　A：これは私の家族の写真です。

　　B：おじいさんは何歳ですか。

A：77歳です。

B：おばあさんは何歳ですか。

A：75歳かなあ。

B：お父さんは背が高いですね。

A：ええ。そうです。これは姉です。

A：お姉さんは髪が長いですね。

语法・句型

1 体言 は 形容詞 です。

这是以形容词作谓语的描写人或事物的性质或状态的描写句（一）的句型。形容词的词尾是「い」如：ひろい、重い、狭い、おいしい、おもしろい…。谓语后面的「です」是敬语助动词，表示对说话人的尊重。

例：

▲ 中国 は広いです。

▲ 王さんのかばんは重いです。

▲ 私 の部屋は明るいです。

▲日本料理はおいしいです。

▲日本語の 勉 強 は 難 しいです。

▲～はどうでうか。

2 体言 は 形容詞くないです。

这是描写句（一）的否定式。形容词の否定式是把词尾「い」变成「く」再加否定助动词「ない」构成的。「ない」按形容词变化（～ないです＝～くありません）相当于汉语的"不～"。

さむい→さむく→さむくない

例：

▲ この料理は美味しくないです。

▲ この傘は新しくないです。

▲ その雑誌は面白くないです。

3 形容词的连体形。

形容词的连体形后面接体言（连体型和基本型一样）构成定语，相当于汉语的
"～的～"。

如：いい人／好人，おいしい料理／好吃的饭菜，安いカメラ／便宜的照相机

例：

▲ 山田さんはやさしい人です。

▲ これは新しいかばんです。

▲ あれは安いカメラです。

4 ～は～が～です。

这是一个主谓谓语句。其中的「が」是表示对象语的格助词。

例：

▲ 象は鼻が長いです。

▲ 弟さんは背が高いです。

▲ 妹さんは頭がいいです。

5 敬体助动词「です」

敬体助动词「です」接在形容词后，构成敬体。表示对对方的尊敬，和第 5 课中

学过的判断助动词「です」不一样。敬体助动词「です」不能变化。

短文

私たちの先生

王健先生はソフトウェア大学の日本語の先生です。

王先生の車は黒い車です。ソフトウェア大学は大きい

大学ではありません。しかし、いい大学です。王先生の授業は週に4回ありま

す。大学の仕事は忙しいです。12時頃王先生は学校の食堂にいます。食堂の

食べ物はおいしいです。そして安いです。王先生は毎日楽しいです。

补充单词			
しかし②①	sikasi	[接続]	但是
週（しゅう）①	syuu	[名]	一周
授業（じゅぎょう）①	zyugyou	[名・自サ]	授课
～回（～かい）①	kai	[接尾]	～次，回
仕事（しごと）⓪	sigoto	[名]	工作
～時（～じ）⓪	zi	[接尾]	～点，时
～頃（ごろ）①	goro	[接尾]	大约，左右
食堂（しょくどう）⓪	syokudou	[名]	食堂
食べ物（たべもの）③	tabemono	[名]	食物
そして③	sosite	[接続]	而且
楽しい（たのしい）③	tanosii	[形]	愉快

練習

一、仿照例句进行句型替换练习。

1　例：李さんの部屋／広い→李さんの部屋は広いです。

① 中国／広い→＿＿＿＿＿＿＿＿＿＿＿＿＿。

② 林さんのかばん／重い→＿＿＿＿＿＿＿＿＿＿＿。

③先生／忙しい→＿＿＿＿＿＿＿＿＿＿＿＿。

④日本料理／おいしい→＿＿＿＿＿＿＿＿＿＿＿。

⑤この雑誌／薄い→＿＿＿＿＿＿＿＿＿＿＿＿。

⑥瀋陽の１月／寒い→＿＿＿＿＿＿＿＿＿＿＿。

⑦地下鉄／速い→＿＿＿＿＿＿＿＿＿＿＿＿。

⑧この本／おもしろい→＿＿＿＿＿＿＿＿＿＿＿＿＿＿＿＿。

⑨このカメラ／安い→＿＿＿＿＿＿＿＿＿＿＿＿＿＿＿＿。

⑩日本語の勉強／むずかしい→＿＿＿＿＿＿＿＿＿＿＿＿＿。

2　例：あの山／高い→あの山は高くないです。

① 李さんの部屋／狭い→＿＿＿＿＿＿＿＿＿＿＿＿。

②佐藤さんのかばん／軽い→＿＿＿＿＿＿＿＿＿。

③日本のカメラ／安い→＿＿＿＿＿＿＿＿＿＿。

④この雑誌／おもしろい→＿＿＿＿＿＿＿＿＿。

⑤王さんの鉛筆／短い→＿＿＿＿＿＿＿＿＿＿。

3　例：陳さん／いい／人→陳さんはいい人です。

① 富士山／高い／山→＿＿＿＿＿＿＿＿＿＿＿＿。

②中国／大きい／国→＿＿＿＿＿＿＿＿＿＿＿＿。

③これ／面白い／本→＿＿＿＿＿＿＿＿＿＿＿＿。

④それ／おいしい／ケーキ→＿＿＿＿＿＿＿＿＿＿。

⑤東京／どんな／町→＿＿＿＿＿＿＿＿＿＿＿＿。

4　例：弟／背／高い→弟は背が高い。

① 象／鼻／長い→＿＿＿＿＿＿＿＿＿＿＿＿＿＿。

② 兄／頭／いい→＿＿＿＿＿＿＿＿＿＿＿＿＿＿＿＿。

③ 姉／目／大きい→＿＿＿＿＿＿＿＿＿＿＿＿＿＿＿。

④ 兄／足／長い→＿＿＿＿＿＿＿＿＿＿＿＿＿＿＿＿＿。

⑤ 妹／髪／長い→＿＿＿＿＿＿＿＿＿＿＿＿＿＿＿＿＿。

5　例：大きい⇔小さい

① 美しい⇔＿＿＿＿＿。　　　④高い⇔＿＿＿＿＿。

②いい⇔＿＿＿＿＿。　　　　⑤遅い⇔＿＿＿＿＿。

③寒い⇔＿＿＿＿＿。　　　　⑥高い⇔＿＿＿＿＿。

二、仿照例句进行会话练习。

1　例：

　　　　林さんの部屋は狭いです。　　　楊さんの部屋は広いです。

　A：林さんの部屋は広いですか。
　B：いいえ、林さんの部屋は狭いです。楊さんの部屋は広いです。

①　　　　　　　　　　　　　　（速い　遅い）

　　飛行機、船

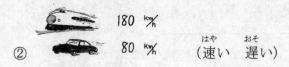

② はやおそ（速い　遅い）

しんかんせんくるま
新幹線、車

③ あつつめ（熱い、冷たい）

ちゃ
お茶、ジュース

④ たかひく（ 高い、低い）

Ａさん、Ｂさん

2　例：ちゅうごくひろ中国は広いですか。（はい）→はい、広いです。

①カレーライスはおいしいですか。（いいえ）→＿＿＿＿＿＿＿＿＿。

②そのシャツはたか高いですか。（いいえ）→＿＿＿＿＿＿＿＿＿。

③そのかばんはかわい可愛いですか。（はい）→＿＿＿＿＿＿＿＿＿。

④しん秦さんはせ背がたか高いですか。（いいえ）→＿＿＿＿＿＿＿＿＿。

⑤はやし林 さんはいそが忙 しいですか。（いいえ）→＿＿＿＿＿＿＿＿＿。

3　看图说话

林さんの

例：はやし林 さんのくつはどれですか。→あのくろ黒いのです。

① 秦さんの　　　② 田中さんの　　　③ 先生の

三、阅读短文回答问题。

① 王健先生は英語の先生ですか。

② ソフトウェア大学はどんな大学ですか。

③ 王先生の授業は週に何回ありますか。

④ 食堂の食べ物はどうですか。

日常用语

行ってきます。／我走了。
行ってらっしゃい。／请走好。

第9課　木村さんは親切な人です

单词

 頭が痛い（あたまがいたい）　　atamagaitai　　　　　　頭疼

 綺麗（きれい）①　　　　kirei　　　　［形動］　漂亮的

 元気（げんき）①　　　　genki　　　　［形動］　健康的

 ありがとうございます　　arigatougozaimasu　　谢谢

 親切（しんせつ）①　　　sinsetu　　　　［形動］　亲切，热情的

 にぎやか②　　　　　　nigiyaka　　　［形動］　热闹、繁华的

奥さん（おくさん）①	okusan	[名]	夫人，太太
あまり③	amari	[副]	过于；（后接否定式）不太……
ちょっと①	tyotto	[副]	稍微
大丈夫（だいじょうぶ）③	daizyoubu	[形動、副]	没关系
東京（とうきょう）⓪	toukyou	[地名]	东京
都市（とし）①	tosi	[名]	都市，城市
交通（こうつう）⓪	koutuu	[名]	交通
便利（べんり）　①	benri	[形動]	方便的

そして③	sosite	[接続]	而且
とても③	totemo	[副]	很，非常
こんにちは	konnitiha	[寒暄语]	你好

★ ★ ★

問題（もんだい）⓪	mondai	[名]	问题
簡単（かんたん）⓪	kantan	[形動]	简单的
ニューヨーク③	nyu-yo-ku	[地名]	纽约
上海（しゃんはい）③	syanhai	[地名]	上海
店（みせ）②	mise	[名]	商店、店铺
有名（ゆうめい）⓪	yuumei	[形動]	有名的
丈夫（じょうぶ）⓪	zyoubu	[形動]	结实，健壮的
熱海温泉（あたみおんせん）⓪	atamionsen	[名]	热海温泉
言語（げんご）①	gengo	[名]	语言
コーヒー③	ko-hi-	[名]	咖啡
日曜日（にちようび）③	nitiyoubi	[名]	星期日
荷物（にもつ）①	nimotu	[名]	行李，货物
スカート②	suka-to	[名]	裙子
映画（えいが）⓪	eiga	[名]	电影
フランス語（ふらんすご）⓪	furansugo	[名]	法语
化学（かがく）①	kagaku	[名]	化学
桜（さくら）⓪	sakura	[名]	樱花
静か（しずか）①	sizuka	[形動]	安静的
ハンサム①	hansamu	[形動]	潇洒、帅气的
暇（ひま）⓪	hima	[形動]	空闲的

课文

1　A：こんにちは。

　　B：こんにちは。

　　A：木村先生は親切ですか。

　　B：はい、親切です。

　　A：木村先生の奥さんはどんな人ですか。

　　B：きれいな人です。そして、とてもやさしいです。

2 A：張さん、あまり元気ではありませんね。

B：ええ、ちょっと頭が痛いです。

A：大丈夫ですか。

B：大丈夫です。ありがとうございます。

3 A：東京はどんな都市ですか。

B：大きい都市です。そして、賑やかです。交通はと

ても便利です。

B：ああ、そうですか。

语法・句型

1　体言　は　形容動詞　です。

这是以形容动词做谓语的描写人或事物的性质或状态的描写句（二）的句型。如：にぎやかです、げんきです、ハンサムです、親切です、きれいです…。形容动词后面的「です」是敬体。

例：

▲中国はにぎやかです。
▲日本語の先生は親切です。
▲田中さんはハンサムです。
▲李さんは元気です。
▲この問題は簡単です。

2　体言　は　形容动词词干　ではありません。

这是描写句（二）形容动词的否定形式。相当于汉语的"不～"。如：元気ではありません／不健康、不精神；親切ではありません／不亲切、不热情。

例：

▲姉は元気ではありません。

▲この町は静かではありません。

3 形容动词的连体形

形容动词的连体形把词尾变成「な」，作定语修饰后面的名词。如：

親切（しんせつ）です→親切な→親切な先生

静（しず）かです→静かな→静かな図書館

例：

▲山田先生（やまだせんせい）は親切（しんせつ）な人（ひと）です。

▲ニューヨークは有名（ゆうめい）な都市（とし）です。

▲富士山（ふじさん）はきれいな山（やま）です。

▲～はどんな～ですか。

4 体言 は どうですか。

这是描写句的疑问句。／～怎么样？

▲田中（たなか）さんはどうですか。

▲東京（とうきょう）はどうですか。

5 副詞

日语的副词「とても、ちょっと、あまり」等作状语修饰后面的用言。

とてもいいです。／非常好

ちょっといいです。／这就可以了。

あまりよくないです。／不太好。

短文

京都（きょうと）

京都（きょうと）は日本列島（にほんれっとう）の中心（ちゅうしん）にあります。面積（めんせき）は約（やく）610平方（へいほう）キロメートルです。人口（じんこう）は約（やく）150万人（まんにん）です。京都（きょうと）は古（ふる）い都市（とし）です。賑（にぎ）やかではありません、静（しず）かな町（まち）です。

寺はたくさんあります。その中に清水寺や金閣寺が有名です。京都には古い

庭園もあります。静かな庭園には白い砂と黒い岩があります。

京都駅のそばに新しい建物があります。デパートは多いです。買い物が便利で

す。京都はたいへん美しいです。

補充单词

京都（きょうと）①	kyouto	[名]	京都
日本列島（にほんれっとう）④	nihonrettou	[名]	日本列島
中心（ちゅうしん）⓪	tyuusin	[名]	中心
面積（めんせき）①	menseki	[名]	面积
約（やく）①	yaku	[名]	大约
平方（へいほう）⓪	heihou	[名]	平方
キロメートル③	kirome-toru	[名]	千米
人口（じんこう）⓪	zinkou	[名]	人口
寺（てら）②	tera	[名]	寺庙
たくさん⓪	takusan	[副]	很多
清水寺（きよみずでら）⑤	kiyomizudera	[名]	清水寺
金閣寺（きんかくじ）⑤	kinkakuzi	[名]	金阁寺
買い物（かいもの）⓪	kaimono	[名]	购物
庭園（ていえん）⓪	teien	[名]	庭园
砂（すな）②	suna	[名]	沙子
岩（いわ）②	iwa	[名]	岩石
そば①	soba	[名]	旁边
白い（しろい）②	siroi	[形]	白的
たいへん⓪	taihen	[副・形动]	非常

练习

一、仿照例句进行句型替换练习。

1　例：上海／にぎやか→上海はにぎやかです。

　　① 李さん／元気→

　　② 図書館／静か→

③ 王さん／明るい→

④ 張さん／親切→

2　例：ここ／便利→<u>ここは便利ではありません。</u>

① 鄭さん／元気→

② あの学校／有名→

③ 佐藤先生／暇→

④ あのレストランの人／親切→

⑤ あそこ／静か→

3　例：張さん／親切→<u>張さんは親切ですか。</u>

① 東京／にぎやか→_____。

② 熱海温泉／有名→_____。

③ 部屋／きれい→_____。

④ 山田さん／ハンサム→_____。

⑤ 学校／どう→_____。

4　例：佐野さん／親切／人→<u>佐野さんは親切な人です。</u>

① 大阪／にぎやか／町→_____。

② 富士山／有名／山→_____。

③ 英語／簡単／言語→_____。

④ 王さんの奥さん／きれい／人→＿＿＿＿＿＿＿＿＿。

⑤ 趙先生／どんな／先生→＿＿＿＿＿＿＿＿＿＿。

5　例：李さんのかばん／とても／重い→李さんのかばんはとても重いです。

　　この教室／あまり／大きい→この教室はあまり大きくないです。

① このビデオ／とても／高い→＿＿＿＿＿＿＿＿＿＿＿＿。

② 李さん／とても／元気→＿＿＿＿＿＿＿＿＿＿＿＿＿。

③ そのコーヒー／あまり／熱い→＿＿＿＿＿＿＿＿＿＿。

④ この店／あまり／便利→＿＿＿＿＿＿＿＿＿＿＿＿。

⑤ 弟／あまり／背／高い→＿＿＿＿＿＿＿＿＿＿＿＿。

二、仿照例句进行会话练习。

1　例：北京はにぎやかですか。（はい）→はい、にぎやかです。

① さくらはきれいですか。（はい）→＿＿＿＿＿＿＿＿＿。

② この人は有名ですか。（いいえ）→＿＿＿＿＿＿＿＿。

③ 李さんは親切ですか。（はい）→＿＿＿＿＿＿＿＿＿。

④ 王さんはひまですか。（いいえ）→＿＿＿＿＿＿＿＿。

⑤ そこは便利ですか。（いいえ）→＿＿＿＿＿＿＿＿＿。

2　例：交通はどうですか。（便利）→交通は便利です。
　　　張さんはどんな人ですか。（丈夫）張さんは丈夫な人です。

① 大連はどんな町ですか。（静か）→＿＿＿＿＿＿＿＿＿＿。

② Bクラスの教室はどうですか。（きれい）→＿＿＿＿＿＿。

③ 野田先生はどんな先生ですか。（親切）→＿＿＿＿＿＿＿＿＿＿＿＿＿。

④ 日曜日はどうですか。（ひま）→＿＿＿＿＿＿＿＿＿＿＿＿＿＿。

⑤ あのデパートはどんなデパートですか。（有名）→＿＿＿＿＿＿＿＿＿。

3　Cクラスの教室はどうですか。（とても／広い）→<u>とても広いです</u>。

① マリさんの荷物はどうですか。（あまり／重い）

→＿＿＿＿＿＿＿＿＿＿＿＿＿＿＿＿＿＿＿＿＿。

② 恵子さんのスカートはどうですか。（とても／きれい）

→＿＿＿＿＿＿＿＿＿＿＿＿＿＿＿＿＿＿＿＿＿。

③ その映画はどうですか。（あまり／いい）

→＿＿＿＿＿＿＿＿＿＿＿＿＿＿＿＿＿＿＿＿＿。

④ この人はどんな人ですか（とても／有名）

→＿＿＿＿＿＿＿＿＿＿＿＿＿＿＿＿＿＿＿＿＿。

⑤ フランス語の勉強はどうですか。（ちょっと／難しい）

→＿＿＿＿＿＿＿＿＿＿＿＿＿＿＿＿＿＿＿＿＿。

⑥ 化学の先生はどんな先生ですか。（とても／きびしい）

→＿＿＿＿＿＿＿＿＿＿＿＿＿＿＿＿＿＿＿＿＿。

4　看图说话

例：王さんの部屋はきれいです。

①野田さん

②上海

③木村さん

④お兄さん

三、阅读短文回答问题。

① 京都(きょうと)は日本列島(にほんれっとう)のどこにありますか。

② 京都(きょうと)はどんな都市(とし)ですか。

③ 京都(きょうと)にお寺(てら)がたくさんありますか。

④ 京都(きょうと)の静(しず)かな庭園(ていえん)に何(なに)と何(なに)がありますか。

日常用语

ただいま。／我回来了。

お帰りなさい。／你回来了啊。

第10課　今日学校へ行きます

単词

行く（いく）⓪　　　　iku　　　　　[自五]　　去

来る（くる）①　　　　kuru　　　　　[自カ]　　来

会社（かいしゃ）⓪　　kaisya　　　　[名]　　　公司

休み（やすみ）③　　　yasumi　　　　[名]　　　休息

帰る（かえる）①　　　kaeru　　　　　[自五]　　回去

バス①　　　　　　　　basu　　　　　[名]　　　公共汽车

いってらっしゃい　　itterassyai　　[寒暄语]　走好

いってきます　　　　ittekimasu　　[寒暄语]　我走了

夜（よる）①　　　　　yoru　　　　　[名]　　　夜晚

じゃ①　　　　　　　　zya　　　　　　[接续]　　那么

何時（なんじ）①　　　nanzi　　　　　[疑]　　　几点

昨日（きのう）②　　　kinou　　　　　[名]　　　昨天

今日（きょう）①　　　kyou　　　　　[名]　　　今天

毎日（まいにち）①	mainiti	[名]	每天
いつ①	itu	[疑]	何时，什么时候
★	★		★
神戸（こうべ）①	koube	[地名]	神戸
明日（あした）③	asita	[名]	明天
池袋（いけぶくろ）③	ikebukuro	[地名]	池袋
大阪（おおさか）⓪	oosaka	[地名]	大阪
土曜日（どようび）②	doyoubi	[名]	星期六
毎朝（まいあさ）①	maiasa	[名]	每天早上
あさって②	asatte	[名]	后天
来月（らいげつ）①	raigetu	[名]	下个月
先月（せんげつ）①	sengetu	[名]	上个月
来年（らいねん）⓪	rainen	[名]	明年
去年（きょねん）①	kyonen	[名]	去年
今年（ことし）⓪	kotosi	[名]	今年
今週（こんしゅう）⓪	konsyuu	[名]	这周
先週（せんしゅう）⓪	sensyuu	[名]	上周
来週（らいしゅう）⓪	raisyuu	[名]	下周
今朝（けさ）①	kesa	[名]	今天早晨
パーティー①	pa-texi-	[名]	聚会
電車（でんしゃ）⓪	densya	[名]	电车
広島（ひろしま）⓪	hirosima	[地名]	广岛
長崎（ながさき）⓪	nagasaki	[地名]	长崎
歩く（あるく）②	aruku	[自五]	走
自転車（じてんしゃ）②	jitensya	[名]	自行车
飛行機（ひこうき）②	hikouki	[名]	飞机
船（ふね）①	fune	[名]	船

课文

1 A：おはようございます。

B：おはようございます。

A：王さんは今日学校へ行きますか。

B：はい、行きます。

A：何時に家へ帰りますか。

B：夜7時に帰ります。

A：遅いですね。

B：ええ。

A：じゃ、いってらっしゃい。

　　B：いってきます。

2　A：鈴木さんは今日会社へ行きますか。

　　B：私は今日会社へ行きません。

銀行

A：どこへ行きますか。

B：銀行へ行きます。

3　A：王さんは昨日学校へ行きましたか。

　　B：いいえ、行きませんでした。学校は休みでした。

　　A：鈴木さんは昨日会社へ行きましたね。

　　B：ええ、行きました。

4　A：王さんはいつ日本へ来ましたか。

　　B：九月に来ました。

　　A：日本はどうですか。

　　B：交通はとても便利です。

5　A：王さんは毎日何時に学校へ行きますか。

　　B：7時半に行きます。

A：何で学校へ行きますか。

B：バスで行きます。

语法・句型

1 体言は体言へ行きます／来ます／帰ります。

这是以一般动词作谓语的叙述句型。日语中的动词由词干和词尾构成，词尾都在う段上。

(1) 动词的分类

按活用变化规则分类。五段动词和一般动词活用时，词干不变，只有词尾发生变化；サ变动词和カ变动词活用时，词干词尾不分。

五段动词— 買う、歩く、話す、立つ、死ぬ、読む、分かる、泳ぐ、遊ぶ…

一段动词— 起きる、たべる、教える、見る、寝る、流れる…

サ变动词— する、学習する、紹介する…

カ变动词— 来る （カ变动词仅此一个）

※　在日语动词里，有一些动词在形式上与一段动词完全相同，但实际上是五段动词，需要特别注意。如：

帰る、走る、切る、要る、蹴る、入る…

(2) 日语的自动词和他动词

自动词---不带宾语。如：帰る　行く　来る　歩く…

他动词---带宾语。 如：買う　食べる　読む…

(3) 动词的连用形

当动词后面接敬体助动词「ます」时，词尾会发生变化。

① 五段动词词尾变成该行的「い」段假名。如：

買う→ 買い　歩く→ 歩き　話す→ 話し　立つ→ 立ち

死ぬ→ 死に　読む→ 読み　分かる→ 分かり　泳ぐ→ 泳ぎ

遊ぶ→ 遊び

② 一段动词的连用形是去掉词尾「る」。如：

起きる→ 起き　食べる→ 食べ　教える→ 教え　見る→ 見

③ サ変动词「する」的连用形是「し」。如：

する→ し　学習する→ 学習し　紹介する→ 紹介し

④ カ变动词「来る」的连用形是「来」。如：くる→ き

(4)　敬体助动词「ます」

动词连用形+ます构成敬体，表示对对方的尊敬。如：

行く　→　行き→　行きます　　　たつ　→　たち　→　たちます

くる　→　き　→　きます　　　おきる→　おき　→　おきます

紹介する→　紹介し→　紹介します　　よむ　→よみ　→　よみます

2　助词

(1)「へ」是补格助词，接在名词后面，表示来去的方向，相当于汉语的"到、往、向"。

例：　私は教室へ行きます。

李さんは会社へ行きます。

楊さんは東京へ行きます。

この地下鉄は神戸へ行きます。

私は明日病院へ行きます。／来ます。

あなたはどこへ行きますか。

(2)「に」是补格助词，接在时间名词后面，表示时间，相当于汉语的"在"或不译。

例：　田中さんは5時に家へ帰ります。

あなたは何時に寮へ帰りますか。

3　体言は体言へ行きました／来ました／帰りました。

敬体助动词「ます」的过去式是「ました」。接续方法和「ます」一样。表示过去，相当于汉语的"了"。

例：　私は池袋へ行きました。

山田さんは大阪へ行きました。

佐藤先生は郵便局へ行きました。

李さんは4月に日本へ来ました。

鈴木さんは去年国へ帰りました。

あなたはいつ中国へ来ましたか。

4　体言　は　体言へ行きません／来ません／帰りません。

敬体助动词「ます」的否定式是「ません」。接续方法和「ます」一样，表示否定，相当于汉语的"不～"。它的过去否定式是「ませんでした」。相当于汉语的"没～"。

例：山田先生は土曜日に学校へ行き**ません**。

野田さんは今日会社へ来**ません**

パクさんは昨日家へ帰りません**でした**。

5　体言　は　体言で　体言へ行きます／来ます／帰ります。

这个句型中的[で]是补格助词，接在名词后面，表示交通工具或方式手段，相当于汉语的"乘、坐"或不译。

例：　張さんは自転車で学校へ来ます。

田中さんは車で会社へ行きます

アンジニさんは歩いて事務室へ行きます。

あなたは何で学校へ来ますか。

表示时间的词

時 間 の 表（じかんひょう）					
朝（あさ）	晩（ばん）	日（ひ）	週（しゅう）	月（つき）	年（ねん）
一昨日の朝（おとといあさ）	一昨日の晩（おとといばん）	一昨日（おととい）	先々週（せんせんしゅう）	先々月（せんせんげつ）	一昨年（おととし）
昨日の朝（きのうあさ）	昨日の晩（きのうばん）	昨日（きのう）	先週（せんしゅう）	先月（せんげつ）	去年（きょねん）
今朝（けさ）	今晩（こんばん）	今日（きょう）	今週（こんしゅう）	今月（こんげつ）	今年（ことし）
明日の朝（あしたあさ）	明日の晩（あしたばん）	明日（あした）	来週（らいしゅう）	来月（らいげつ）	来年（らいねん）
明後日の朝（あさってあさ）	明後日の晩（あさってばん）	明後日（あさって）	再来週（さらいしゅう）	再来月（さらいげつ）	再来年（さらいねん）
毎朝（まいあさ）	毎晩（まいばん）	毎日（まいにち）	毎週（まいしゅう）	毎月/毎月（まいつき・まいげつ）	毎年/毎年（まいとし・まいねん）

曜日（ようび）	月（がつ）	日（にち）		時（じ）	分（ぷん）
日曜日（にちようび）	いちがつ	ついたち	じゅうしちにち	いちじ	いっぷん
月曜日（げつようび）	にがつ	ふつか	じゅうはちにち	にじ	にふん
火曜日（かようび）	さんがつ	みっか	じゅうくにち	さんじ	さんぷん
水曜日（すいようび）	しがつ	よっか	はつか	よじ	よんぷん
木曜日（もくようび）	ごがつ	いつか	にじゅういちにち	ごじ	ごふん
金曜日（きんようび）	ろくがつ	むいか	にじゅうににち	ろくじ	ろっぷん
土曜日（どようび）	しちがつ	なのか	にじゅうさんにち	しちじ	ななふん しちふん
何曜日（なんようび）	はちがつ	ようか	にじゅうよっか	はちじ	はっぷん
	くがつ	ここのか	にじゅうごにち	くじ	きゅうふん
	じゅうがつ	とおか	にじゅうろくにち	じゅうじ	じゅっぷん じっぷん
	じゅういちがつ	じゅういちにち	にじゅうしちにち	じゅういちじ	じゅうごふん
	じゅうにがつ	じゅうににち	にじゅうはちにち	じゅうにじ	さんじゅっぷん
	何月（なんがつ）	じゅうさんにち	にじゅうくにち	零時（れいじ）	半（はん）
		じゅうよっか	さんじゅうにち	何時（なんじ）	何分（なんぶん）
		じゅうごにち	さんじゅういちにち		
		じゅうろくにち	何日（なんにち）		

短文

私 の一日
_{わたし いちにち}

私 は毎朝六時に起きます。
_{わたし まいあさ ろくじ お}

七時に朝ごはんを食べます。
_{しちじ あさ た}

七時二十五分に 教 室 へ行きます。
_{しちじにじゅうごふん きょうしつ い}

七時半に 教 室 で日本語を読みます。日本語の 授 業 は八時に始まります。昼休み
_{しちじはん きょうしつ にほんご よ にほんご じゅぎょう はちじ はじ ひるやす}

は学校の食 堂 で昼ごはんを食べます。午後は授 業 もあります。午後の六時ごろ
_{がっこう しょくどう ひる た ごご じゅぎょう ごご ろくじ}

晩ごはんを食べます。夜は十 時ごろ寝ます。
_{ばん た よる じゅうじ ね}

补充单词

毎朝（まいあさ）①	maiasa	［名］	每天早上
起きる（おきる）②	okiru	［自一］	起床
朝ご飯（あさごはん）③	asagohan	［名］	早饭
読む（よむ）①	yomu	［他五］	读
始まる（はじまる）⓪	hazimaru	［自五］	开始
昼休み（ひるやすみ）③	hiruyasumi	［名］	午休
昼ご飯（ひるごはん）③	hirugohan	［名］	午饭
午後（ごご）①	gogo	［名］	下午
晩ご飯（ばんごはん）③	bangohan	［名］	晚饭
寝る（ねる）⓪	neru	［自一］	睡觉

練習

一、仿照例句进行句型替换练习。

1

例： 1 時です。
_{いちじ}

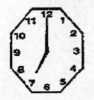  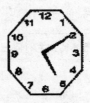 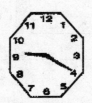 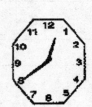

2　例：6：30—ろくじさんじゅっぷんです。——6時30分です。（6時半です）

①　8：40—　　　　　　　　　　　——

②　1：25—　　　　　　　　　　　——

③　6：18—　　　　　　　　　　　——

④　2：30—　　　　　　　　　　　——

⑤　12：36—　　　　　　　　　　——

3　例：明日、きます。——昨日、来ました。

①　今日4時に帰ります。——昨日10時に＿＿＿＿＿＿＿。

②　毎朝7時に行きあす。——昨日6時に＿＿＿＿＿＿＿。

③　あさって行きます。——おととい＿＿＿＿＿＿＿。

④　来月に行きます。——先月＿＿＿＿＿＿＿。

⑤　来年　帰ります。——去年＿＿＿＿＿＿＿。

⑥　今週　来ます。——先週＿＿＿＿＿＿＿。

二、仿照例句进行会话练习。

1　例：鈴木さんは明日銀行へ行きます。　「昨日」

　　　　→鈴木さんは昨日銀行へ行きましたか。

①　アンジニさんは今年インドへ帰ります。「去年」

　　→

②　佐藤さんは来週東京へ行きます。「先週」

　　→

③　木村さんは来月中国へ行きます。「先月」

　　→

④　私は明日の朝郵便局へ行きます。「今朝」

　　→

⑤ サリさんは来年アメリカへ帰ります。「昨年」

　→

2　例：鈴木さん、今日会社、行く

　　—鈴木さんは今日会社へ行きますか。

　　—はい、行きます。

　　—いいえ、行きません。

① キムさん、今日デパート、行く「いいえ」

　—

　—

② 奥さん、明日パーティー、来る「はい」

　—

　—

③ ブラウンさん、先週韓国、行く「はい」

　—

　—

④ この電車、広島、行く「いいえ」

　—

　—

⑤ 李さん、昨日オフィス、来る「いいえ」

　—

　—

3　看图说话

　例：陳さんは何で学校へ来ますか。

　　——自転車で学校へ来ます。

① あなたは何で会社へ行きますか。　　　　　　　電車

　——

② サリさんは<ruby>何<rt>なに</rt></ruby>でアメリカへ<ruby>行<rt>い</rt></ruby>きましたか。  <ruby>飛行機<rt>ひこうき</rt></ruby>

――

③ <ruby>鈴木<rt>すずき</rt></ruby>さんは<ruby>何<rt>なに</rt></ruby>で<ruby>家<rt>いえ</rt></ruby>へ<ruby>帰<rt>かえ</rt></ruby>りましたか。 <ruby>歩<rt>ある</rt></ruby>く

――

④ <ruby>木村<rt>きむら</rt></ruby>さんは<ruby>何<rt>なに</rt></ruby>で<ruby>長崎<rt>ながさき</rt></ruby>へ<ruby>来<rt>き</rt></ruby>ますか。 <ruby>船<rt>ふね</rt></ruby>

――

三、阅读短文回答问题。

① <ruby>毎朝何時<rt>まいあさなんじ</rt></ruby>に<ruby>起<rt>お</rt></ruby>きますか。

② <ruby>七時二十五分<rt>しちじにじゅうごふん</rt></ruby>にどこへ<ruby>行<rt>い</rt></ruby>きますか。

③ <ruby>昼休<rt>ひるやす</rt></ruby>みはどこで<ruby>昼<rt>ひる</rt></ruby><ruby>飯<rt>はん</rt></ruby>を<ruby>食<rt>た</rt></ruby>べますか。

④ <ruby>午後<rt>ごご</rt></ruby>も<ruby>授業<rt>じゅぎょう</rt></ruby>がありますか。

日常用语

ありがとうございます。／谢谢。
どういたしまして。／不客气。

第11課　お酒を飲みました

単词

食べる（たべる）②	taberu	[他一]	吃
寿司（すし）②	susi	[名]	饭团，饭卷
お酒（おさけ）⓪	osake	[名]	酒
飲む（のむ）①	nomu	[他五]	喝
授業（じゅぎょう）①	zyugyou	[名、自サ]	上课
しゃべる②	syaberu	[他自五]	说话，聊天
てんぷら⓪	tenpura	[名]	油炸食品
インターネット⑤	inta-netto	[名]	因特网，互联网
利用（りよう）⓪	riyousuru	[名・他サ]	利用
いろいろ⓪	iroiro	[副・形动]	各种各样
始まる（はじまる）⓪④	hazimaru	[自五]	开始
終わる（おわる）⓪③	owaru	[自五]	结束
半（はん）①	han	[名]	半
から	kara	[助]	从……
まで	made	[助]	到……
午後（ごご）①	gogo	[名]	下午
する②	suru	[サ变]	做，干，搞

	★	★	★	
買う（かう）⓪	kau	[他五]	买	
タバコ⓪	tabako	[名]	香烟	
吸う（すう）⓪	suu	[他五]	吸	
見る（みる）①	miru	[他一]	看	
晩ご飯（ばんごはん）③	bangohan	[名]	晚饭	
アルバイト③	arubaito	[名]	打工	
買い物（かいもの）⓪	kaimono	[名・自サ]	购物	
体育館（たいいくかん）⑤	taiikukan	[名]	体育馆	
運動（うんどう）⓪	undou	[名・自サ]	运动	
書く（かく）①	kaku	[他五]	书写	
持つ（もつ）①	motu	[他自五]	携带，持有	
牛肉（ぎゅうにく）⓪	gyuuniku	[名]	牛肉	
ドラマ①	dorama	[名]	电视剧	
掃除（そうじ）⓪	souzi	[名・他サ]	扫除，打扫	
昼休み（ひるやすみ）③	hiruyasumi	[名]	午休	
営業時間（えいぎょうじかん）⑤	eigyouzikan	[名]	营业时间	
お茶（おちゃ）⓪	otya	[名]	茶	
会議（かいぎ）①	kaigi	[名]	会议	
ゆうべ⓪	yuube	[名]	昨天晚上	
テニス①	tenisu	[名]	网球	
バスケットボール⑥	basukettobo-ru	[名]	篮球	
漢字（かんじ）⓪	kanzi	[名]	汉字	
テーブル⓪	te-buru	[名]	桌子	
ひらがな③	hiragana	[名]	平假名	
ミルク①	miruku	[名]	牛奶	
テレビ①	terebi	[名]	电视	

课文

1 A：鈴木さんは昨日の夜何を食べましたか。

B：私は寿司とてんぷらを食べました。そして、お酒
を飲みました。
田中さんはお酒を飲みますか。

A：いいえ、私は飲みません。

2　A：昨日、張さんの家でインターネットを利用しましたか。

　　B：いいえ、利用しませんでした。

　　A：何をしましたか。

　　B：いろいろしゃべりました。

3　A：日本語の授業は何時に始まりますか。

　　B：8時に始まります。

　　A：何時に終わりますか。

　　B：9時40分に終わります。

　　A：英語の授業は何時から何時までですか。

　　B：午後の1時10分から2時45分までです。

语法・句型

1　体言　は　体言　を　食べます／飲みます／買います／します。

这是他动词作谓语的叙述句型。

「を」接在体言后，是表示动作对象的宾格助词。

例：

▲私はお茶を飲みます。

▲あなたはタバコを吸います。

▲王さんはテレビを見ます。

▲お姉さんは晩御飯を食べます。

▲あなたは何をしますか。

2 体言 は 体言 で 体言 を食べます／飲みます／買います／します。

这个句型里的「で」是补格助词，接在体言后，表示动作的地点、场所，相当于汉语的"在"。

例：

▲ 私<ruby>私<rt>わたし</rt></ruby>は学校<ruby>学校<rt>がっこう</rt></ruby>で日本語<ruby>日本語<rt>にほんご</rt></ruby>を勉強<ruby>勉強<rt>べんきょう</rt></ruby>します。

▲ 陳<ruby>陳<rt>ちん</rt></ruby>さんは家<ruby>家<rt>いえ</rt></ruby>で本<ruby>本<rt>ほん</rt></ruby>を読<ruby>読<rt>よ</rt></ruby>みます。

▲ 佐藤<ruby>佐藤<rt>さとう</rt></ruby>さんはスーパーで買<ruby>買<rt>か</rt></ruby>い物<ruby>物<rt>もの</rt></ruby>をします。

▲ ブラウンさんは体育館<ruby>体育館<rt>たいいくかん</rt></ruby>で運動<ruby>運動<rt>うんどう</rt></ruby>しますか。

▲ あなたはどこで～を～か。

歌<ruby>歌<rt>うた</rt></ruby>います　　勉強<ruby>勉強<rt>べんきょう</rt></ruby>します　　食<ruby>食<rt>た</rt></ruby>べます　　買<ruby>買<rt>か</rt></ruby>います

3 体言 から 体言 まで

「から」是补格助词。接在体言后，表示时间或空间的起点，相当于汉语的"从～"

「まで」是补格助词。也接在体言后，表示时间或空间的终点，相当于汉语的"到～为止"

例：

授業<ruby>授業<rt>じゅぎょう</rt></ruby>は8時<ruby>時<rt>じ</rt></ruby>に始<ruby>始<rt>はじ</rt></ruby>まります。11時半<ruby>時半<rt>じはん</rt></ruby>に終<ruby>終<rt>お</rt></ruby>わります

＝授業は8時から11時半までです。

授業<ruby>授業<rt>じゅぎょう</rt></ruby>は何時<ruby>何時<rt>なんじ</rt></ruby>から何時<ruby>何時<rt>なんじ</rt></ruby>までですか。

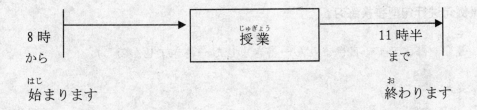

8時　　　　　　　　　　授業<ruby>授業<rt>じゅぎょう</rt></ruby>　　　　　11時半

から　　　　　　　　　　　　　　　　　　まで

始<ruby>始<rt>はじ</rt></ruby>まります　　　　　　　　　　　　　　終<ruby>終<rt>お</rt></ruby>わります

4 体言 と 体言

这里的「と」是并列助词，接在体言之间，表示并列，相当于汉语的"和、与"等。

例：

パンと卵　　机と椅子　　ボールペンと鉛筆　　王さんと 張 さん

短文

佐藤さんの毎日

佐藤さんは毎朝7時に起きます。朝ご飯はいつもパンとコーヒーです。電車で会社へ行きます。会社は9時から5時までです。7時に家へ帰ります。7時半に晩ご飯を食べます。それからテレビを見ます。英語の新聞を読みます。夜12時に寝ます。

土曜日と日曜日は仕事をしません。土曜日は午前、図書館へ行きます。午後、テニスをします。日曜日はどこも行きません。休みです。

补充单词

新聞（しんぶん）⓪	sinbun	[名]	报纸
午前（ごぜん）①	gozen	[名]	上午

练习

一、仿照例句进行句型替换练习。

1　例：書く→書きます→書きません→書きました→書きませんでした

　　① 食べる→

② 行く→

③ 来る→

④ 飲む→

⑤ 帰る→

⑥ いる→

⑦ 買う→

⑧ 見る→

⑨ する→

⑩ 持つ→

2　例：お茶を飲みますか。[いいえ]→いいえ、飲みません。

① 今朝、卵を食べましたか。[はい]→

② 牛肉を食べますか。[いいえ]→

③ 昨日の夜ドラマを見ましたか。[はい]→

④ タバコを吸いますか。[はい]→

⑤ 昨日、家で日本語を勉強しましたか。[いいえ]→

⑥ お酒を飲みますか。[いいえ]→

⑦ 部屋でパソコンをしましたか。[はい]→

3　例：授業　1：00〜4：00

　　　A：授業は何時から何時までですか。

B： 1 時から 4 時までです。

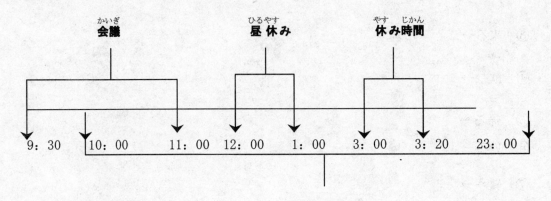

① 休み時間　3：00〜3：20

　A：

　B：

② 昼休み　12：00〜1：10

　A：

　B：

③ 会議　9：30〜11：00

　A：

　B：

④ 営業時間　10：00〜23：00

　A：

　B：

4　例：コーヒー、お茶（飲む）→コーヒーとお茶を飲みます。

① パン、卵（食べる）→

② 消しゴム、鉛筆（買う）→

③ 漢字、ひらがな（書く）→

④ テニス、バスケットボール（する）

二、仿照例句进行会话替换练习。

1 看图说话

例：ミルクを飲みます。

① 本

② タバコ

③ テレビ

④ 日本語

⑤パン

2 例：日曜日→

A：「日曜日は何をしますか。」

B：「テニスをします。」

A：「どこでしますか。」

B：「体育館でします。」

① 昨日の午後→

②ゆうべ→

③昨日→

三、阅读短文回答问题。

① 佐藤さんは毎日何で学校へ行きますか。

② 会社は何時から何時までですか。

③ 何時に寝ますか。

④ 土曜日の午後何をしますか。

日常用语

すみません。／对不起。

ごめんなさい。／请原谅。

申し訳ありません。／实在抱歉。

第12課　先週コンサートを聞きました

単词

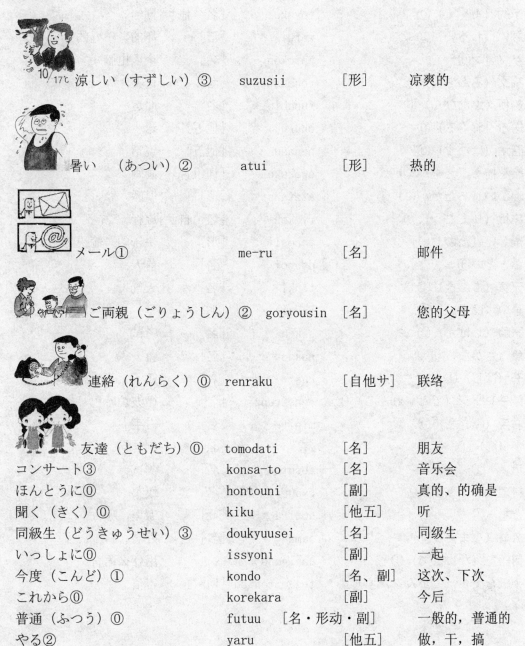

涼しい（すずしい）③	suzusii	［形］	涼爽的
暑い　（あつい）②	atui	［形］	热的
メール①	me-ru	［名］	邮件
ご両親（ごりょうしん）②	goryousin	［名］	您的父母
連絡（れんらく）⓪	renraku	［自他サ］	联络
友達（ともだち）⓪	tomodati	［名］	朋友
コンサート③	konsa-to	［名］	音乐会
ほんとうに⓪	hontouni	［副］	真的，的确是
聞く（きく）⓪	kiku	［他五］	听
同級生（どうきゅうせい）③	doukyuusei	［名］	同级生
いっしょに⓪	issyoni	［副］	一起
今度（こんど）①	kondo	［名、副］	这次，下次
これから⓪	korekara	［副］	今后
普通（ふつう）⓪	futuu	［名・形动・副］	一般的，普通的
やる②	yaru	［他五］	做，干，搞
使う（つかう）⓪	tukau	［他五］	使用

ときに②	tokini	[副]	偶尔
少し（すこし）②	sukosi	[副]	稍微
電話料金（でんわりょうきん）④	denwaryoukin	[名]	电话费
へえ	hee	[叹]	哎～
★	★		★
文章（ぶんしょう）①	bunsyou	[名]	文章
通信販売（つうしんはんばい）⑤	tuusinhanbai	[名]	邮购，函售物
予約（よやく）⓪	yoyaku	[名・他サ]	预约
悪い（わるい）②	warui	[形]	坏的，不好的
パソコン⓪	pasokon	[名]	个人电脑
論文（ろんぶん）⓪	ronbun	[名]	论文
船便（ふなびん）⓪	funabin	[名]	船运
送る（おくる）⓪	okuru	[他五]	送
話す（はなす）⓪	hanasu	[他五]	说话
絵を描く（えをかく）	ewokaku	[词组]	画画
暖かい（あたたかい）④	atatakai	[形]	温暖
旅行（りょこう）⓪	ryokou	[名・自サ]	旅行
楽しい（たのしい）③	tanosii	[形]	快乐的，愉快的
おととい③	ototoi	[名]	前天
天気（てんき）①	tenki	[名]	天气
早い（はやい）②	hayai	[形]	早
試験（しけん）②	siken	[名]	考试
魚（さかな）⓪	sakana	[名]	鱼
箸（はし）①	hasi	[名]	筷子
電子レンジ（でんしれんじ）④	densirenzi	[名]	微波炉
右手（みぎて）⓪	migite	[名]	右手
字（じ）①	zi	[名]	字
テスト①	tesuto	[名]	测试
料理（りょうり）①	ryouri	[名]	饭菜
どちら①	dotira	[疑]	哪里、哪位
名前（なまえ）⓪	namae	[名]	姓名
何語で（なにごで）①	nanigode		用什么语言
手紙を出す（てがみをだす）	tegamiwodasu	[词组]	寄信

课文

1 A: 木村さん、おはようございます。

B: 張さん、おはようございます。先週は暑かった
ですね。

A: ええ、ほんとうに。今日は少し涼しいですね。

B: ええ、あまり暑くないです。

2 A: 王さん、あのコンサート、聞きましたか。

B: ええ、先週の土曜日に同級生といっしょに聞き
ました。

A: どうでしたか。

B: とてもよかったですよ。

A: じゃあ、私も今度聞きます。

3 A: キムさん、これから何をしますか。

B: インドの友達にメールを書きます。

A: へえ、インド語で書きますか。

B: いいえ、英語で書きます。

4 A: マリさんは普通、どうやってアメリカのご両親と連絡しますか。

B: メールで連絡します。

A: 電話は使いませんか。

B: ときに使います。電話料金が高いですから。

语法・句型

1 体言は形容词かったです。

这是描写句（一）的过去式。形容词的过去式是把词尾「い」变成「かった」再加上敬体助动词「です」。相当于"曾经～"。

あつい＋かった→あつかった（简体）→あつかったです(敬体)

例：

▲ 高_{たか}いです→高かったです。

▲ 美_{うつく} しいです→美しかったです。

▲いいです→よかったです。

2 体言は形容词＋くなかったです。

这是形容词的過去否定式。是把词尾「い」变成「く」再加上否定助动词「ない」的过去式「なかった」构成的。相当于汉语的"曾经/过去不～"。如：

暑_{あつ}い／热 → 暑くない／不热 → 暑くなかった／曾经不热，没热过

例：

▲安_{やす}いです→安くなかったです

▲面白_{おもしろ}いです→面白くなかったです

▲いいです→よくなかったです

3 体言 で 动词连用形＋ます。

这里的「で」是补格助词。接在体言后，表示动作的手段，相当于汉语的"用"。

例：

▲漢字_{かんじ}で名前_{なまえ}を書_かきます。

▲英語_{えいご}で文章_{ぶんしょう}を読_よみます。

▲通信販売_{つうしんはんばい}で物_{もの}を買_かいます。

▲電話_{でんわ}で予約_{よやく}します。

▲何_{なに}で～か。

4　体言は体言と动词连用形+ます。

这里的「と」是补格助词，前接用言前，表示动作的同伴。相当于汉语的"与、跟、和"等。

例：

▲木村さんは李さんと学校へ行きます。

▲王さんと映画を見ます。

5　接续助词「から」

「から」接在用言终止形后，构成因果关系的主从复句。表示主观上的原因，相当于汉语的"因为"。有时因果关系倒置。

▲心配しますから、電話をしました。

▲用事があるから、明日の会議には出席できません。

短文

ハイキング

昨日は日曜日でした。早い朝からいい天気でした。私は五人の友達とハイキングに行きました。大阪から京都まで電車を利用しました。

8時ごろ、高崎に着きました。まず、高山寺へ有名な劇画を見ました。とても面白かったです。私たちは近くの喫茶店で昼ごはんを食べました。

山の空気はとてもきれいでした。空はたいへん青かったです。山の緑も美しかったです。友達は写真を撮りました。

午後四時ごろ、ホテルに着きました。友達はとても疲れました。私はあまり疲れませんでした。足も痛くなかったです。たいへん楽しいハイキングでした。

补充单词

ハイキング①	haikingu	[名・自サ]	远足
高崎（たかざき）⓪	takazaki	[地名]	高崎
着く（つく）②	tuku	[自五]	到达
まず①	mazu	[副]	首先
高山寺（こうざんじ）⑤	kouzanzi	[名]	高山寺
劇画（げきが）⓪	gekiga	[名]	连环画
空気（くうき）①	kuuki	[名]	空气
空（そら）①	sora	[名]	天空
青い（あおい）②	aoi	[形]	蓝色的
緑（みどり）①	midori	[名]	绿色
疲れる（つかれる）③	tukareru	[自一]	疲惫

练习

一、仿照例句进行句型替换练习。

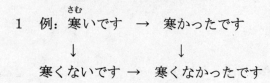

1 例：寒いです → 寒かったです
        ↓   ↓
  寒くないです → 寒くなかったです

① 暑いです　　→＿＿＿です
   ↓　　　　　　↓
＿＿＿です→ ＿＿＿です

② いいです　　→＿＿＿です
   ↓　　　　　　↓
＿＿＿です→ ＿＿＿です

③ 涼しいです　　→＿＿＿です
   ↓　　　　　　↓
＿＿＿です→ ＿＿＿です

④ 悪いです　　→＿＿＿です
   ↓　　　　　　↓
＿＿＿です→ ＿＿＿です

⑤ 速い_{はや}です　　→＿＿＿です

　　　↓　　　　　　　↓

　　＿＿＿です→　＿＿＿です

⑥ 高い_{たか}です　　→＿＿＿です

　　　↓　　　　　　　↓

　　＿＿＿です→　＿＿＿です

⑦ 可愛い_{かわい}です　→＿＿＿です

　　　↓　　　　　　　↓

　　＿＿＿です→　＿＿＿です

⑧ 新_{あたら}しいです　　→＿＿＿です

　　　↓　　　　　　　↓

　　＿＿＿です→　＿＿＿です

⑨ おいしいです　→＿＿＿です

　　　↓　　　　　　　↓

　　＿＿＿です→　＿＿＿です

⑩ 美_{うつく}しいです　→＿＿＿です

　　　↓　　　　　　　↓

　　＿＿＿です→　＿＿＿です

2　例：新幹線_{しんかんせん}／神戸_{こうべ}へ行_いく→新幹線_{しんかんせん}で神戸_{こうべ}へ行_いきます。

① 漢字_{かんじ}で／名前_{なまえ}を書_かく→

② 手_て／寿司_{すし}を食_{しょく}へる→

③ パソコン／論文_{ろんぶん}を書_かく。→

④ 船便_{ふなびん}／荷物_{にもつ}を送_{おく}る→

⑤ 日本語_{にほんご}／話_{はな}す→

⑥ ペン／絵_えを描_かく→

二、仿照例句进行会话替换练习。

1　例：忙しいです→<u>昨日は忙しかったですか。</u>

① 暑いです→おとといは＿＿＿＿＿＿＿＿＿＿＿＿＿＿＿

② 暖かいです→先週は＿＿＿＿＿＿＿＿＿＿＿＿＿＿＿＿

③ 楽しいです→去年の旅行は＿＿＿＿＿＿＿＿＿＿＿＿＿

④ よくないです→昨日の天気はあまり＿＿＿＿＿＿＿＿＿

⑤ 早いです→今朝＿＿＿＿＿＿＿＿＿＿＿

2　例：昨日は忙しかったですか。（いいえ）→いいえ、忙しくなかったです。

① 昨日の会議は長かったですか。（はい）→

② 試験は難しかったですか。（いいえ）→

③ あの魚はおいしかったですか。（はい）→

④ 昨日の映画は面白かったですか。（いいえ）→

⑤ コーヒーは熱かったですか。（はい）→

3　例：旅行はどうでしたか。（とても、楽しい）

　　　　→<u>とても楽しかったです。</u>

① この本はどうでしたか。（とても、いい）

　　→

②天気はどうでしたか。（少し、寒い）

　　→

③テストはどうでしたか。（あまり、難しい）

　　→

④料理はどうでしたか。（とても、おいしい）

　　→

⑤あの映画はどうでしたか。（とても、おもしろい）

　　→

4　看图说话

例：何でご飯を食べますか。 （はし）→はしで食べます。

① 何で連絡しますか。 （携帯電話）→

② 何で料理を作りましたか。 （電子レンジ）→

③ どちらの手で字を書きますか。 （右手）→

④ 何で論文を書きますか。 （ボールペン）→

⑤ 何で日本へ行きましたか。 （飛行機）→

三、阅读短文回答问题。

① 昨日は何曜日でしたか。
② 大阪から京都まで何を利用しましたか。
③ 劇画はどうでしたか。
④ どこで昼ご飯を食べましたか。

日常用语

お元気ですか。／你好吗？

お陰さまで元気です。／托您的福，我很好。

第13課　池袋で友達に会います

単词

おみやげ⓪　　　　　　　omiyage　　[名]　　　特产、礼物

気をつけて（きをつけて）kiwotukete　[词组]　　　注意

ハンサム①　　　　　　　hansamu　　[形动]　　美男子

おおぜい ③　　　oozei　　　　[名]　　　　很多人

ただいま②　　　　tadaima　　　　[寒暄]　　　我回来了
お帰りなさい ⑥　　okaerinasai　　[寒暄]　　　欢迎回来
でも①　　　　　　demo　　　　　[接续]　　　但是
さあ①　　　　　　saa　　　　　　[叹]　　　　表示劝诱、催促、难以判断
また②　　　　　　mata　　　　　[副]　　　　下次，再
会う（あう）①　　au　　　　　　[自五]　　　遇见
恋人（こいびと）⓪　koibito　　　　[名]　　　　恋人
分かる（わかる）②　wakaru　　　　[自五]　　　知道，明白
薄い（うすい）②　　usui　　　　　[形]　　　　薄的，谈的，浅的
　　　　　　　　★　　　　　　★　　　　　　★
会話（かいわ）③　　kaiwa　　　　[名]　　　　会话
新鮮（しんせん）⓪　sinsen　　　[名・形动]　新鲜
映画館（えいがかん）③　eigakan　　[名]　　　电影院
名古屋（なごや）①　nagoya　　　　[地名]　　　名古屋
マンション①　　　　mansyon　　　[名]　　　　高级公寓
電気製品（でんきせいひん）④ denkiseihin [名]　　电器产品

品質（ひんしつ）⓪	hinsitu	［名］	质量
お金（おかね）⓪	okane	［名］	金钱
ない①	nai	［形］	没有，不存在
今回（こんかい）①	konkai	［名］	这次，下次
不便（ふべん）①	fuben	［形动］	不方便
店員（てんいん）⓪	tenin	［名］	店员
庭（にわ）②	niwa	［名］	庭院
花（はな）②	hana	［名］	花
スペイン②	supein	［名］	西班牙
お金⓪	okane	［名］	钱
おばさん⓪	obasan	［名］	阿姨，姑母，婶
アパート②	apa-to	［名］	公寓（一般只有2、3层的木质建筑）

课文

1　A：ただいま。

　　B：お帰（かえ）りなさい。

　　A：これ、おみやげです。

　　A：ありがとうございます。中国（ちゅうごく）はどうでしたか。

　　B：とてもきれいでした。でも、人（ひと）がおおぜいいました。あまり静（しず）かではあり

　　　　ませんでした。

　　A：そうですか。

　　B：じゃ、またね。

2　A：これから どこへ行（い）きますか。

　　B：池袋（いけぶくろ）へ行（い）きます。友達（ともだち）に会（あ）います。

　　A：そうですか。じゃ、気（き）をつけて。

3　A：昨日（きのう）、デパートで木村（きむら）さんに会いましたよ。

　　B：どこのデパートですか。

　　A：池袋（いけぶくろ）のデパートです。ハンサムな男（おとこ）の人（ひと）といっしょにいましたよ。

　　B：あ、そうですか。

语法・句型

1　体言　は　形容动词　でした。

这是以形容动词做谓语的描写句（二）的过去式。表示过去，相当于"曾经，过去"。

例：

元気です／健康，精神　　→　　元気でした／曾经健康，精神

きれいです／漂亮，干净　　→　　きれいでした／过去漂亮，干净

2　体言　は　～ではありませんでした。

这是形容动词的过去否定式，相当于汉语的"过去不～"。

例：

元気ではありません／不健康　→　元気ではありませんでした／过去就不健康

きれいではありません／不漂亮，不干净　→　きれいではありませんでした／
过去就不漂亮，不干净。

3　体言で　体言に　会います。

「に」是补格助词，接在体言后，表示动作的对象。相当于汉语的"给，向"，或者不翻译。

例：

▲池袋で友達に会います。

▲ 弟 に日本語を教えます。

▲地下鉄で同 級 生に会いました。

▲スーパーで誰に会いましたか。

4　～　。でも、～。

「でも」是接续词。接在句子中间，表示逆接，相当于"不过，但是"。

例：

▲昨日は暑かったです。でも、今日は暑くないです。

▲日本語は 難 しいです。でも、会話の 勉 強は面白いです。

▲料理は美味しいです。でも、高いです。

短文

夕方（ゆうがた）の広場（ひろば）

昨日（きのう）の夕方（ゆうがた）、広場（ひろば）へ行（い）きました。広場（ひろば）には食（た）べ物（もの）や飲（の）み物（もの）の小（ちい）さい店（みせ）がたくさんありました。私（わたし）たちはそこで晩御飯（ばんごはん）を食（た）べました。おいしかったです。広場（ひろば）は、昼（ひる）は静（しず）でしたが、夜（よる）はとても賑（にぎ）やかでした。広場（ひろば）の人（ひと）たちの踊（おど）りを見（み）ました。楽（たの）しかったです。

补充单词

夕方（ゆうがた）⓪	yuugata	[名]	黄昏
広場（ひろば）①	hiroba	[名]	广场
踊り（おどり）⓪	odori	[名]	舞蹈

练习

一、仿照例句进行句型替换练习。

1　例：静（しず）かです　　　→　　静かでした
　　　　↓　　　　　　　　　　↓
　　　静かではありません→静かではありませんでした

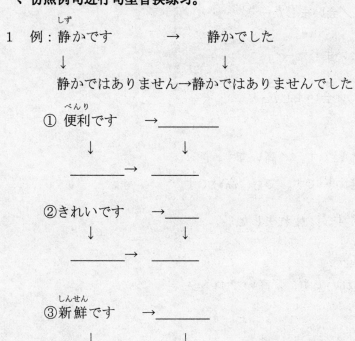

① 便利（べんり）です　→_____
　　　↓　　　　　　　↓
　_____→ _____

②きれいです　→____
　　↓　　　　　↓
　_____→ _____

③新鮮（しんせん）です　→_____
　　　↓　　　　　↓
　_____→ _____

④元気です　　→＿＿＿＿
　　　　↓　　　　　　　↓
＿＿＿＿→　＿＿＿＿

⑤にぎやかです　　→＿＿＿
　　　　↓　　　　　　　↓
＿＿＿＿→　＿＿＿＿

⑥簡単です　　→＿＿＿＿
　　　↓　　　　　　　↓
＿＿＿＿→　＿＿＿＿

2　例：喫茶店／友だち／会います→喫茶店で友だちに会います。

① 映画館／恋人／会います→

② 名古屋／先生／会います→

③ デパート／佐藤さん／会いました→

④ 郵便局／先生／会いました→

⑤ 学校の前／おばさん／会いました→

3　例：このかばんはきれいです。／高いです。

　　　→このかばんはきれいです。でも、高いです。

① 旅行は楽しかったです。／疲れました。

　→

② 私のマンションはきれいです。／高いです。

　→

③ 今日の天気はいいです。／寒いです。

　→

④ この店の電気製品は安いです。／品質はよくないです。

→

⑤ 張さんはおいしい中華料理を作りました。／奥さんは食べませんでした。

→

4 例：昨日はサリさんの家へ行きました。でも、サリさんはいませんでした。

① お金がなかったです。でも、＿＿＿＿＿＿＿＿＿＿＿＿＿＿＿＿＿＿＿＿

② おいしい料理を作りました。でも、＿＿＿＿＿＿＿＿＿＿＿＿＿＿＿

③ 図書館はとても静かです。でも、＿＿＿＿＿＿＿＿＿＿＿＿＿＿

④ 今回のテストはとても簡単でした。でも、＿＿＿＿＿＿＿＿＿

⑤ 日本語の勉強は難しいです。でも、＿＿＿＿＿＿＿＿＿＿＿＿＿

二、仿照例句进行会话替换练习。

1 例：暇です→昨日、あなたは暇でしたか。

① 健康です→以前、王さんは＿＿＿＿＿＿＿＿＿＿＿＿＿＿＿＿＿＿＿

② 静かです→おととい、その教室は＿＿＿＿＿＿＿＿＿＿＿＿＿＿

③ にぎやかです→先週のパーティーは＿＿＿＿＿＿＿＿＿＿＿＿

④ 親切です→デパートの店員は＿＿＿＿＿＿＿＿＿＿＿＿＿＿＿＿

2 例：昨日、隣の部屋は静かでしたか。（いいえ）

　　　→いいえ、静かではありませんでした。

① 陳さんは元気でしたか。（いいえ）

→

② 庭の花はきれいでしたか。（はい）

→

③ 町はにぎやかでしたか。（いいえ）

→

④ さくらはきれいでしたか。（はい）

→

⑤ お父さんは親切でしたか。（いいえ）

→

3 例：スペインはどうでしたか。（とても、きれい）

→とてもきれいでした。

① 新しいマンションはどうでしたか。（とても、静か）

→_____

② ブラウンさんはどうでしたか。（あまり、元気）

→_____

③ 店員はどうでしたか。（あまり、親切）

→_____

④ 昨日の試験はどうでしたか。（とても、簡単）

→_____

⑤ 張さんのアパートはどうでしたか。（少し、不便）

三、阅读短文回答问题。

① 昨日の夕方、どこへ行きましたか。

② 広場には何がたくさんありましたか。

③ 広場の夜は静かでしたか。

④ 何を見ましたか。

日常用语

おひさしぶりですね。／好久不见了啊。

しばらくでしたね。／好久不见了。

第14課　佐藤さんは魚が好きです

単语

お出かけ（おでかけ）⓪	odekake	［名］	出门
野菜（やさい）⓪	yasai	［名］	蔬菜
注射（ちゅうしゃ）⓪	tyuusya	［名・他サ］	打针
ピンポン①	pinpon	［名］	乒乓球
野球（やきゅう）⓪	yakyuu	［名］	棒球
薬（くすり）⓪	kusuri	［名］	药
肉（にく）②	niku	［名］	肉
魚（さかな）⓪	sakana	［名］	鱼
スポーツ②	supo-tu	［名］	体育活动

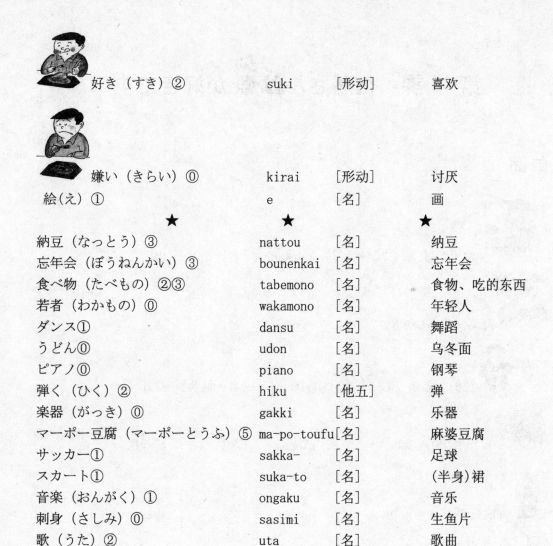

好き（すき）②	suki	[形动]	喜欢
嫌い（きらい）⓪	kirai	[形动]	讨厌
絵（え）①	e	[名]	画
★	★	★	
納豆（なっとう）③	nattou	[名]	纳豆
忘年会（ぼうねんかい）③	bounenkai	[名]	忘年会
食べ物（たべもの）②③	tabemono	[名]	食物、吃的东西
若者（わかもの）⓪	wakamono	[名]	年轻人
ダンス①	dansu	[名]	舞蹈
うどん⓪	udon	[名]	乌冬面
ピアノ⓪	piano	[名]	钢琴
弾く（ひく）②	hiku	[他五]	弹
楽器（がっき）⓪	gakki	[名]	乐器
マーボー豆腐（マーポーとうふ）⑤	ma-po-toufu	[名]	麻婆豆腐
サッカー①	sakka-	[名]	足球
スカート①	suka-to	[名]	（半身）裙
音楽（おんがく）①	ongaku	[名]	音乐
刺身（さしみ）⓪	sasimi	[名]	生鱼片
歌（うた）②	uta	[名]	歌曲

课文

1　A：いい天気^{てんき}ですね。

　　B：そうですね。お出^でかけですか。

　　A：ええ。私^{わたし}はスーパーへ行^いきます。

　　B：そうですか。私^{わたし}も野菜^{やさい}や魚^{さかな}を買^かいます。

　　A：佐藤^{さとう}さんは魚^{さかな}が好^すきですか。

B：ええ、好きです。王さんは？

A：私は魚があまり好きではありません。肉が好きです。

B：あ、そうですか。

2　A：どうしましたか。

B：頭が痛いです。

A：病院へ行きましたか。

B：いいえ、行きません。

A：どうしてですか。

B：注射が嫌いですから。

A：では、薬は飲みましたか。

B：ええ、飲みました。

3　A：土曜日に何をしましたか。

B：ピンポンをしました。楽しかったですよ。

A：田中さんはピンポンが好きですか。

B：ええ、とても好きです。野球も好きです。

A：そうですか。私はスポーツがあまり好きではありません。

B：じゃ、何がすきですか。

A：絵が好きです。

语法・句型

1　～は～が～すきです／きらいです。

这是主谓谓语句的句型。主谓谓语句具有比较特殊的结构，其特点是谓语部分由一个主谓结构构成。句中的「は」提示句子主题，体言＋が＋后面的用言一起构成整个句子的谓语，用来表示对主题进行说明。

～が好きです／喜欢……；～がきらいです／讨厌……。

例：

▲王さんは歌が好きです。

▲ 張 さんは日本料理が好きです。

▲佐藤さんは納豆がきらいです。

▲キムさんはテニスがすきです。

▲アンジニさんはどんなスポーツが好きですか。

▲マリさんはどんな果物が好きですか。

2　〜は〜がすきではありません。／不喜欢……。
　　〜は〜がきらいではありません。／不讨厌……。
　　这是句型1的否定形式。

例：

▲木村さんは野菜がすきではありません。

▲ 張 さんはスポーツがすきではありません。

▲李さんは猫がきらいではありません。

3　A：どうしてですか。B：〜からです。
　　どうしてですか。／为什么呢？
　　「から」是接续助词，接在末尾。相当于汉语的 "是因为〜"

例：　① A：忘年会へ行きません。

　　　　 B：どうしてですか。

　　　　 A：忙 しいですから。

　　　② A：寿司は食べません。

　　　　 B：どうしてですか。

　　　　 A：嫌いですから。

短文

手紙

恵子さん、お元気ですか。

ハワイは毎日いい天気です。昨日、テレビで「宮崎に津波がありました。新幹線も止まりました。」というニュースを見  ました。津波はどうでしたか。恵子さんは大丈夫でしたか。

宮崎とハワイは遠いですが、テレビやインターネットなどがありますから、東京のニュースがすぐ分かります。

私は、明日から来週の木曜日まで、公園でキャンプをします。アジアやヨーロッパの留学生が来ます。いっしょに食事を作ります。でも、私のグループには、問題があります。アリフさんは豚肉を食べません。韓国のキムさんは鶏肉を食べません。マリさんは魚がきらいです。私はちょっと心配です。

明日の朝、5時に起きます。公園まで車で6時間かかります。

では、また手紙を書きます。

3月12日
リン より

補充単词

ハワイ①	hawai	［地名］	夏威夷
宮崎（みやざき）	miyazaki	［地名］	宫崎
ニュース①	nyu-su	［名］	新闻
津波（つなみ）⓪	tunami	［名］	海啸
止まる（とまる）⓪	tomaru	［自五］	停止
すぐ①	sugu	［副］	马上
アジア①	azia	［名］	亚洲

ヨーロッパ③	yo-roppa	[名]	欧洲
キャンプ①	kyanpu	[名]	野营
グループ②	guru-pu	[名]	小组
豚肉（ぶたにく）③	butaniku	[名]	猪肉
鶏肉（とりにく）③	toriniku	[名]	鸡肉
心配（しんぱい）⓪	sinpai	[名]	担心
かかる②	kakaru	[自五]	花费

練習

一、仿照例句进行句型替换练习。

1 例： 私 、刺身→私は刺身がすきです。

⇔私は刺身がすきではありません。

① 王さん、野球→

⇔

② 佐藤さん、料理→

⇔

③ 母、肉→

⇔

④ 木村さん、野菜→

⇔

⑤ 陳さん、日本の食べ物→

⇔

2 私、スポーツ→私はスポーツがきらいです。

⇔私はスポーツがきらいではありません。

① マリさん、果物→

⇔

② 弟 、魚→

⇔

③ 妹、勉強 →

        ⇔

④ 若者、納豆 →

        ⇔

⑤ 田中さん、犬 →

        ⇔

3　どうして納豆がすきですか。（おいしいです）

　→おいしいですから。

① どうして肉がきらいですか。（おいしくないです）

　　→

② どうして猫がすきですか。（可愛いです）

　　→

③ どうしてあのスカートがすきですか。（きれいです）

　　→

④ どうして大連がすきですか。（涼しいです）

　　→

⑤ どうして英語を勉強しますか。（面白いです）

　　→

⑥ どうして卵焼きを食べませんか。（あまりすきではありません）

　　→

⑦ どうしてダンスをしませんか。（きらいです）

　　→

⑧ どうしてサッカーをしませんか。（きらいです）

　　→

二、仿照例句进行会话替换练习。

1 看图说话

例：佐藤さんは果物がすきです。

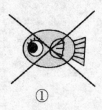  

①　　　　　　②　　　　　　③　　　　　　④

2 例：木村さんは野球がすきですか。（はい）<u>はい、すきです。</u>

① パクさんはうどんがすきですか。（はい、とても）→＿＿＿＿＿＿

② アンジニさんは納豆がすきですか。（いいえ、あまり）→＿＿＿＿＿

③ 王さんは英語の歌がすきですか。（はい、とても）→＿＿＿＿＿＿

④ あなたはピアノがすきですか。（いいえ）→＿＿＿＿＿＿＿＿＿

⑤ 上田先生は犬がすきですか。（はい、とても）→＿＿＿＿＿＿＿

⑥ マリさんは果物がすきですか。（いいえ、あまり）→＿＿＿＿＿＿

⑦ 李さんは日本語がすきですか。（はい）→＿＿＿＿＿＿＿＿＿＿

3 例

A：山田さんは、<u>音楽を聞きますか</u>。
　　　　　　　　　　a

B：ええ、<u>聞きます</u>。とてもすきです。

A：そうですか。　私は<u>音楽をあまり聞きません</u>。
　　　　　　　　　　　　　　b

B：じゃ、なにがすきですか。

A：<u>絵</u>がすきです。
　　c

B：そうですか。

① a. ピアノを弾きます　　　b. 楽器　　　c. 歌

② a. テニスをします　　　　b. スポーツ　c. 音楽

③ a. 納豆を食べます　　　　b. 中華料理　c. 日本料理

三、阅读短文回答问题。

① 恵子<ruby>恵子<rt>けいこ</rt></ruby>さんはどこにいますか。

② リンさんはどこにいますか。

③ テレビのニュースは<ruby>何<rt>なん</rt></ruby>ですか。

④ リンさんはどうやって<ruby>東京<rt>とうきょう</rt></ruby>のニュースが<ruby>分<rt>わ</rt></ruby>かりますか。

⑤ キャンプは<ruby>何日<rt>なんにち</rt></ruby>から<ruby>何日<rt>なんにち</rt></ruby>までですか。

日常用语

お疲れ様でした。／辛苦了。
ご苦労様でした。／辛苦了。（上级对下级）

第15課　私は歌が下手です

単词

上手（じょうず）③	zyouzu	[形动]	擅长，高明
下手（へた）②	heta	[形动]	笨拙
歌（うた）②	uta	[名]	歌
歌う（うたう）⓪	utau	[他五]	唱歌
ギター①	gita-	[名]	吉他
バトミントン③	badominton	[名]	羽毛球
ビリヤード③	biriya-do	[名]	台球
まだまだ①	madamada	[副]	尚，还
ゆうべ③	yuube	[名]	昨夜
声（こえ）①	koe	[名]	声音

★　　★　　★

好き②	suki	[形动]	喜欢
水泳（すいえい）⓪	suiei	[名]	游泳
書道（しょどう）①	syodou	[名]	书法

课文

1 A：こんにちは。

　　B：こんにちは。

　　A：王さんは日本語が上手ですね。

　　B：ありがとう。

　　　　昨日、鈴木さんの絵を見ましたよ。とてもきれいな絵です。鈴木さんは絵が

　　　　上手ですね。

　　A：いえいえ。まだまだです。

2 A：ゆうべ、マリさんはクラスのパーテイーで歌を歌いました。

　　B：そうですか。どんな歌を歌いましたか。

　　A：日本の歌を歌いました。

　　B：王さんもパーテイーで歌を歌いましたか。

　　A：いいえ、私は歌が下手です。でも、マリさん

　　　　は上手です。マリさんは声がいいです。鈴木さんはどうですか。

　　B：私もあまり上手ではありません。

语法・句型

1　～は～が上手です。

　　～は～が下手です。

　　这是用主谓谓语句表示"擅长"或"不擅长"。

例：

▲鈴木さんは歌が上手です。

▲李さんは料理が下手です。

▲キムさんは野球が上手です。

▲野田さんは絵が上手です。

2　～は～が上手ではありません。

这是主谓谓语句的否定形式。

例：

▲ 私はダンスが上手ではありません。

▲佐藤さんはスペイン語が上手ではありません。

▲ 張さんはピンポンが上手ではありません。

短文

田中さんとダンス

田中さんはダンスが好きです。毎晩ダンスの学校へ行きます。ダンスの先生はきれいな人です。田中さんは上手ではありませんが、きれいな先生に習いますから、毎日楽しいです。

先生の誕生日にコンサートのチケットをあげました。先生は友達と行きました。田中さんはとても残念です。

補充単词

毎晩（まいばん）①	maiban	[名]	每天晚上
習う（ならう）②	narau	[他五]	学习
誕生日（たんじょうび）③	tanzyoubi	[名]	生日
チケット②	tiketto	[名]	票
あげる③	ageru	[自他一]	给予、给
残念（ざんねん）③	zannen	[形動]	遗憾

練習

一、仿照例句进行句型替换练习。

1　例：サリさん、インド料理

　　　→サリさんはインド料理が上手です。

　　　→サリさんはインド料理が上手ではありません。

① 弟、歌→

                   →

② 木村さん、絵→

                        →

③ 野田さん、ギター→

                        →

④ 陳さん、水泳→

                       →

⑤ 私、フランス語→

                    →

2 例：母、歌→母は歌が下手です。

① 姉、日本料理→

② 私、バトミントン→

③ 父、英語→

④ 私、絵→

⑤ 王さん、ピアノ→

二、仿照例句进行会话替换练习。

1 例：李さん、サッカー

     →A：李さんはサッカーが好きですか。

        B：李さんはサッカーが好きです。でも、あまり上手ではありません。

① 姉、ダンス

   →

② 私、歌

   →

③ 母、書道

→

④ 張さん、スポーツ

→

⑤ 田中さん、絵

→

2 看図说话

例：ヤンさんはピンポンが上手です。

① 私　　　②陳さん　　　③お母さん　　　④姉さん

3 例：野田さんは歌が上手ですか。（はい）

→はい、上手です。

① アンジニさんは英語が上手ですか。（はい、とても）

→

② 谷村さんはダンスが上手ですか。（いいえ、あまり）

→

③ 王さんは絵が上手ですか。（いいえ）

→

④ あなたはビリヤードが上手ですか。

→

⑤ あなたはスキーが上手ですか。

→

三、阅读短文回答问题。

① 田中さんは何が好きですか。

② 田中さんの先生はどんな先生ですか。

③ 田中さんはダンスが上手ですか。

④ 田中さんは先生の誕生日に何をあげましたか。

日常用语

どうも、すみませんでした。／实在对不起。

いいえ。／没关系。

第16課　私はパソコンがほしいです

<ruby>私<rt>わたし</rt></ruby>

单词

パソコン⓪	pasokon	[名]	个人电脑
デジタルカメラ⑤	dezitarukamera	[名]	数码照相机
飲み物（のみもの）②	nomimono	[名]	饮料
札（さつ）①	satu	[名]	纸币
～円（えん）①	en	[名]	～日元
コーヒー③	ko-hi-	[名]	咖啡
お茶（おちゃ）⓪	otya	[名]	茶
ほしい②	hosii	[形]	想要
今①	ima	[名]	现在
いらっしゃいませ⑥	irassyaimase	[寒暄]	欢迎光临
いくら①	ikura	[名]	多少钱
渡す（わたす）⓪	watasu	[他五]	交给
おつり⓪	oturi	[名]	找的零钱
オフィス①	ofisu	[名]	办公室

オートバイ③	o-tobai	[名]	摩托车
テーブル⓪	te-buru	[名]	桌子
コーラ①	ko-ra	[名]	可乐
腕時計（うでどけい）③	udedokei	[名]	手表
弁当（べんとう）③	bentou	[名]	盒饭
電子辞書（でんしじしょ）④	densizisyo	[名]	电子辞典
引き出し（ひきだし）⓪	hikidasi	[名]	抽屉
ハンカチ⓪③	hankati	[名]	手帕
本屋（ほんや）①	honya	[名]	书店
こちら⓪	kotira	[代]	这里
上着（うわぎ）⓪	uwagi	[名]	上衣

课文

1　A：田中さんは今、何がほしいですか。

　　B：パソコンがほしいです。パクさんは何がほしいですか。

　　A：私はデジタルカメラがほしいです。

2　A：いらっしゃいませ。

　　B：すみません。あのう、キャノンのデジタルカメラはありますか。

　　A：はい、こちらです。

　　B：このデジタルカメラはいくらですか。

　　A：それは４万８千円です。

　　B：じゃあ、これをお願いします。

　　A：はい、分かりました。ありがとうございました。

3　A：王さん、飲み物は何がいいですか。

　　B：コーヒーがいいです。

　　A：すみません。コーヒーとお茶をお願いします。

　　（1000円札を渡しました）

C：はい、コーヒーとお茶ですね。

800円です。おつりは200円です。ありがとうございました。

4　A：今、佐藤さんはオフィスにいますか。

B：いいえ、オフィスには誰もいません。

A：そうですか。佐藤さんは昨日どこへ行きましたか。

B：佐藤さんはどこへも行きませんでした。私とアパートにいました。

语法・句型

1　私は～がほしいです。

形容词「ほしい」一般表示说话人的欲望，即想要某种东西。"东西"在句中构成对象语，要用助词「が」表示。相当于"想要～、需要～"。否定式是「ほしくないです／不想要～」。

例：

▲ 私は車がほしいです。

▲ 私はパソコンがほしいです。

▲ 私は冷蔵庫がほしくないです。

▲ 私はオートバイがほしくないです。

▲あなたは何がほしいですか。

2　～　は　～円です。

　～　は　いくらですか。

「円」是日元的表达。「いくら／多少钱？」。

例：

▲この靴は1000円です。

▲そのハンカチは2600円です。

▲あの辞書は2800円です。

▲あのパソコンはいくらですか。

3　どこも／何も／だれも／～ません／ませんでした。

　　「も」接在疑问词后，和否定式相呼应，表示全盘否定，相当于汉语的"～都不
～、～都没有"

例：

▲王_{おう}さんはどこも行_いきません。

▲キムさんは何_{なに}か買_かいません。

▲田中_{たなか}さんは何_{なん}も食_たべません。

▲教_{きょう}室_{しつ}にだれもいません。

▲テーブルの上_{うえ}に何_{なに}もありません。

短文

商店街_{しょうてんがい}

　　この辺_{あた}りは商店街_{しょうてんがい}です。道_{みち}の両側_{りょうがわ}の建物_{たてもの}はとても高_{たか}いです。人_{ひと}が多_{おお}くて賑_{にぎ}やかです。あの白_{しろ}い建物_{たてもの}は有名_{ゆうめい}なデパートです。本当_{ほんとう}にきれいで、立派_{りっぱ}な建物_{たてもの}です。

　　あの黄色_{きいろ}い建物_{たてもの}は郵便局_{ゆうびんきょく}です。郵便局_{ゆうびんきょく}の隣_{となり}の建物_{たてもの}は本屋_{ほんや}です。本屋_{ほんや}は高_{たか}くありません。低_{ひく}いです。デパートにはいろいろな商品_{しょうひん}があり、青_{あお}い洋服_{ようふく}や赤_{あか}いスカートやナイロンの靴下_{くつした}などは安_{やす}いです。

　　ここには花屋_{はなや}もあります。大_{おお}きいバラの花_{はな}は一本百円_{ひゃくえん}で、小_{ちい}さいバラの花_{はな}は一本五十円_{ごじゅうえん}です。

补充单词

辺り（あたり）①	atari	[名]	旁边、附近
商店街（しょうてんがい）③	syoutengai	[名]	商业街
道（みち）⓪	miti	[名]	道路
両側（りょうがわ）⓪	ryougawa	[名]	两侧
黄色い（きいろい）⓪③	kiiroi	[形]	黄色的
立派（りっぱ）⓪	rippa	[形动]	优秀

商品（しょうひん）①	syouhin	［名］	商品
洋服（ようふく）⓪	youfuku	［名］	西服
ナイロン①	nairon	［名］	尼龙
靴下（くつした）②	kutusita	［名］	袜子
バラ②	bara	［名］	玫瑰

练习

一、仿照例句进行句型替换练习。

1　例：私 ／辞書→私は辞書がほしいです。

① 私／パソコン→＿＿＿＿＿＿＿＿＿＿＿＿＿＿＿＿

② 私／腕時計→＿＿＿＿＿＿＿＿＿＿＿＿＿＿＿＿

③ 私／オートバイ→＿＿＿＿＿＿＿＿＿＿＿＿＿＿

④ あなた／何→＿＿＿＿＿＿＿＿＿＿＿＿＿＿＿＿

⑤ 私／ 車 →＿＿＿＿＿＿＿＿＿＿＿＿＿＿＿＿＿＿

2　例：￥100→ひゃくえん

① ￥1,014→＿＿＿＿＿＿＿＿＿＿＿＿

② ￥10,369→＿＿＿＿＿＿＿＿＿＿＿

③ ￥100→＿＿＿＿＿＿＿＿＿＿＿＿＿

④ ￥676→＿＿＿＿＿＿＿＿＿＿＿＿＿

⑤ ￥800→＿＿＿＿＿＿＿＿＿＿＿＿＿

⑥ ￥338→＿＿＿＿＿＿＿＿＿＿＿＿＿

⑦ ￥2,638→＿＿＿＿＿＿＿＿＿＿＿

⑧ ￥13,040→＿＿＿＿＿＿＿＿＿＿＿

⑨ ￥540,0890→＿＿＿＿＿＿＿＿＿

⑩ ￥8,006,000→＿＿＿＿＿＿＿＿＿

3　例：自転車、25,000 円→自転車はにまんごせんえんです。

① 炊飯器、50,600 円→

② 弁当、800 円→

③ 新聞、120 円→

④ テレビ、21,800円→

⑤ 車、630万円→
くるま

4　例：何、ある→<u>何もありません。</u>
なん　　　　　なに

① どこ、行く→_____
い

② だれ、来る→_____
く

③ 何、買う→_____
なに　か

④ だれ、いる→_____

⑤ 何、言う→_____
なに　い

二、仿照例句进行会话替换练习。

1　看图说话

A 例：あなたはパソコンがほしいですか。

①彼女　　　②水　　　③お金、旅行　　　④カメラ
かのじょ　　　みず　　　かね　りょこう

B 例：　テレビはいくらですか。→テレビは 25,000 円です。

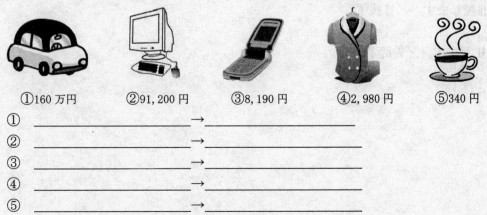

①160万円　　②91,200円　　③8,190円　　④2,980円　　⑤340円

① _____→_____
② _____→_____
③ _____→_____
④ _____→_____
⑤ _____→_____

2 例：あさってどこへ行きますか。（デパート）→デパートへ行きます。

① あなたは何がほしいですか。（電子辞書）→＿＿＿＿＿＿＿＿＿＿＿

② 引き出しの中に何がありますか。（何も）→＿＿＿＿＿＿＿＿＿＿＿

③ 明日どこへ行きますか。（どこも）→＿＿＿＿＿＿＿＿＿＿＿＿＿

④ あなたは何がほしいですか。（マンション）→＿＿＿＿＿＿＿＿

⑤ あなたは何を買いますか。（鞄）→＿＿＿＿＿＿＿＿＿＿＿

⑥ あなたは何を食べますか。（何も）→＿＿＿＿＿＿＿＿＿＿＿

⑦ 今晩だれが来ますか。（誰も）→＿＿＿＿＿＿＿＿＿＿＿＿

⑧ 図書室にだれがいますか。（誰も）→＿＿＿＿＿＿＿＿＿＿＿

⑨ レストランの横に何がありますか。（本屋）→＿＿＿＿＿＿＿＿＿

⑩ 自転車はいくらですか。（36,000円）→＿＿＿＿＿＿＿＿＿＿＿

三、阅读短文回答问题。

① あの白い建物は何ですか。

② 郵便局の隣の建物は喫茶店ですか。

③ デパートにはどんな商品がありますか。

④ 小さいバラの花はいくらですか。

日常用语

お邪魔します。／打扰了。

失礼します。／告辞了。

第17課　コーヒーをください

単词

ホット①	hotto	[名・形动]	热的
アイス①	aisu	[名・形动]	冰的
バナナ①	banana	[名]	香蕉
りんご⓪	ringo	[名]	苹果
梨（なし）②	nasi	[名]	梨
切手（きって）⓪	kitte	[名]	邮票
たくさん⓪③	takusan	[副・形动]	很多
みかん①	mikan	[名]	柑橘
ランチ①	ranti	[名]	经济午餐
それから④	sorekara	[接续]	还有
くださる③	kudasaru	[他五]	请给（我）
全部（ぜんぶ）①	zenbu	[名・副]	全部
いつも①	itumo	[副]	总是、平时
コーンスープ④	ko-nsu-pu	[名]	玉米汤
全然（ぜんぜん）⓪	zenzen	[名]	（后接否定）根本
毎晩（まいばん）①	maiban	[名]	每天晚上

いくつ①	ikutu	[名]	几个
よく①	yoku	[副]	经常
ときどき②	tokidoki	[副]	偶尔
社長（しゃちょう）⓪	syatyou	[名]	总经理
ウーロン茶③	u-rontya	[名]	乌龙茶
アイスクリーム⑤	aisukuri-mu	[名]	冰淇淋
プリン①	purin	[名]	布丁
ハンバーガー③	hanba-ga-	[名]	汉堡
サンドイッチ④	sandoitti	[名]	三明治
はがき⓪	hagaki	[名]	明信片
桃（もも）⓪	momo	[名]	桃子
貯金（ちょきん）⓪	tyokin	[名、自他サ]	储蓄
白い（しろい）⓪	siroi	[形]	白色的

课文

1　A：いらっしゃいませ。何名様（なんめいさま）ですか。

　　B：二人（ふたり）です。

　　A：はい、分（わ）かりました。こちらへどうぞ。

　　B：田中（たなか）さんは何（なに）がいいですか。

　　C：Aランチをお願（ねが）いします。

　　B：私（わたし）もAランチをください。

　　A：Aランチを二つですね。

　　B：はい。あ、それから、コーヒーもお願（ねが）いします。

　　A：コーヒーはホットですか、アイスですか。

　　B：アイスをください。

　　A：はい、全部（ぜんぶ）で 1600 円（えん）です。

2　A：鈴木（すずき）さんは朝（あさ）、いつも何（なに）を食（た）べますか。

　　B：私（わたし）は、いつもパンと果物（くだもの）を食（た）べます。それから、ミルクかコーンスープを飲（の）みます。今朝（けさ）は、パンを1枚（まい）とバナナを2本（ほん）食（た）べました。コーンスープも少（すこ）し飲（の）みました。

3　A：王さんはお酒を飲みますか。

B：いいえ。全然飲みません。キムさんはどうですか。

A：私の家族は、みんなお酒がすきですから、たくさん飲みます。私は毎晩ビールを飲みます。

B：あ、そうですか。

语法・句型

助数词

助数词相当于汉语的量词，只和数词搭配使用，实际上是一种表示数量单位的接尾词。助数词的读法是个难点，经常发生浊音化、半浊音化。浊音化现象常发生在"3"的后面；半浊音化现象常发生在"1、6、8、10"的后面。

东西	人	顺序	薄或扁平的东西
ひとつ　一つ	ひとり　1人	いちばん　一番	いちまい　一枚
ふたつ	ふたり	にばん	にまい
みっつ	さんにん	さんばん	さんまい
よっつ	よにん	よんばん	よんまい
いつつ	ごにん	ごばん	ごまい
むっつ	ろくにん	ろくばん	ろくまい
ななつ	ななにん	ななばん	ななまい
やっつ	はちにん	はちばん	はちまい
ここのつ	きゅうにん	きゅうばん	きゅうまい
とお	じゅうにん	じゅうばん	じゅうまい
いくつ	なんにん 何人	なんばん 何番	なんまい 何枚
频率	**小物品**	**鞋和袜**	**房屋**
いっかい　一回	いっこ　　一個	いっそく　一足	いっけん　一軒
にかい	にこ	にそく	にけん
さんかい	さんこ	さんぞく	さんげん
よんかい	よんこ	よんそく	よんけん
ごかい	ごこ	ごそく	ごけん
ろっかい	ろっこ	ろくそく	ろっけん
ななかい	ななこ	ななそく	ななけん
はち/はっかい	はち/はっこ	はち/はっそく	はちけん
きゅうかい	きゅうこ	きゅうそく	きゅうけん
じゅっかい	じゅっこ	じゅっそく	じゅっけん
なんかい 何回	なんこ 何個	なんそく 何足	なんげん 何軒

机器和车辆	年龄	书和笔记本	衣服
いちだい　一台	いっさい　一歳	いっさつ　一冊	いっちゃく一着
にだい	にさい	にさつ	にちゃく
さんだい	さんさい	さんさつ	さんちゃく
よんだい	よんさい	よんさつ	よんちゃく
ごだい	ごさい	ごさつ	ごちゃく
ろくだい	ろくさい	ろくさつ	ろくちゃく
ななだい	ななさい	ななさつ	ななちゃく
はちだい	はっさい	はちさつ	はっちゃく
きゅうだい	きゅうさい	きゅうさつ	きゅうちゃく
じゅうだい	じゅっさい	じゅっさつ	じゅっちゃく
なんだい 何台	なんさい 何歳	なんさつ 何冊	なんちゃく 何着
建筑物的楼层	**尖而长的东西**	**用杯子等盛的饮料**	**小动物，鱼和昆虫**
いっかい　一階	いっぽん　一本	いっぱい　一杯	いっぴき　一匹
にかい	にほん	にはい	にひき
さんがい	さんぼん	さんばい	さんびき
よんかい	よんほん	よんはい	よんひき
ごかい	ごほん	ごはい	ごひき
ろっかい	ろっぽん	ろっぱい	ろっぴき
ななかい	ななほん	ななはい	ななひき
はっかい	はっぽん	はっぱい	はっぴき
きゅうかい	きゅうほん	きゅうはい	きゅうひき
じゅっかい	じゅっぽん	じゅっぱい	じゅっぴき
なんかい 何階	なんぼん 何本	なんばい 何杯	なんびき 何匹

1　体言　を　体言　ください

这是一个请求式。相当于"请给我～。"

例：

▲本を一冊ください。
（ほん）

▲梨を三個ください。
（なし）

▲切手を二枚ください。
（きって）

▲バナナを三本ください。

2 体言 は 体言 を 数量词＋动词。

这种情况下，数量词一般在动词前面。和汉语表达顺序不一样。

例：

▲田中さんは 卵 を八つ買います。

▲王さんは 魚 を一匹食べます。

▲ 林 さんはジュースを三杯飲みます。

▲先生は本を何冊買いますか。

▲奥さんはリンゴをいくつ買いますか。

3 いつも／よく／ときどき／ぜんぜん

看下图，了解副词的意义。

「いつも」／总是，「よく」／经常，「ときどき」／有时，「ぜんぜん」／全都～不～。

月	火	水	木	金	土	日	月	火	…		
○	○	○	○	○	○	○	○	○	…	いつも	
○	×	○	○	○	×	○	○	○	…	よく	ビールを飲みます
×	×	○	×	×	×	○	×	×	…	ときどき	
×	×	×	×	×	×	×	×	×	…	ぜんぜん	飲みません

4 ～か～

是并列助词，接在体言后，表示列举两项以上的同类事物或相反的事物，从中选定一项，作为与后项的叙述有关的具体内容。相当于汉语的"或者"。

例：

▲ 張 さんか佐藤さんか社 長 に会います。

▲土曜日か日曜日に行きます。

▲電話かメールで知らせます。

短文

スーパーへ行きました

李さんのうちの近くにスーパーが二つがあります。Aのスーパーは家に近いです。Bのスーパーは家にちょっと遠いです。Aのスーパーは小さいです。しかし、ものは安いです。

きょうは休みです。李さんはAのスーパーへ買い物に行きました。魚は一匹、にんじんは二本、りんごは三つ買いました。

それから、家で夕食を作りました。美味しい料理を食べました。ビールも一本飲みました。気持ちはよかったです。

补充单词			
夏(なつ)②	natu	[名]	夏天
気温(きおん)⓪	kion	[名]	气温
〜度(ど)⓪	do	[名]	〜度
もっと①	motto	[名]	更加
そうだ⓪	souda	[助动]	听说，好像
ので⓪	node	[接助]	表原因、理由
体(からだ)⓪	karada	[名]	身体
おなかが痛い⓪ （おなかがいたい）			
	onakagaitai	[词组]	肚子疼

练习

一、看图进行助数词读音练习。

2 例：1本

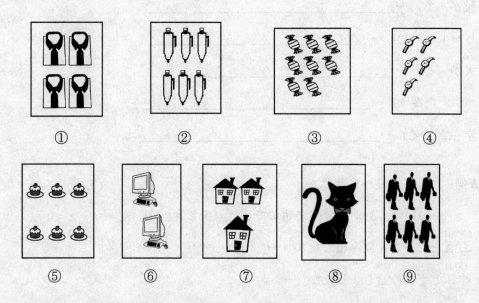

① ② ③ ④

⑤ ⑥ ⑦ ⑧ ⑨

3 例：ウーロン茶、ジュース（飲む）→ウーロン茶かジュースを飲みます。

① パソコン、テレビ（ほしいです）_____

② アイスクリーム、プリン（食べる）_____

③ 土曜日、日曜日（行く）_____

④ メール、電話（知らせる）_____

⑤ 黒い傘、白い傘（買う）_____

二、仿照例句进行会话替换练习。

1 例：（パンを食べる）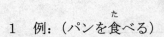

→A：パンを何枚食べましたか。

B：4枚食べました。

① ② ③ ④ ⑤

① （靴がある）→＿＿＿＿＿＿＿＿＿＿＿＿＿＿＿＿＿＿＿＿

② （ビールを飲む）→＿＿＿＿＿＿＿＿＿＿＿＿＿＿＿＿＿＿

③ （犬がいる）→＿＿＿＿＿＿＿＿＿＿＿＿＿＿＿＿＿＿＿＿

④ （バナナを買う）→＿＿＿＿＿＿＿＿＿＿＿＿＿＿＿＿＿＿

⑤ （学生がいる）→＿＿＿＿＿＿＿＿＿＿＿＿＿＿＿＿＿＿＿

2 A例：たくさん食べましたか。

　　　　→いいえ、あまり食べませんでした。少し食べました。

① お酒をたくさん飲みましたか。→

② 昨日たくさん話しましたか。→

③ お金がたくさん貯金しましたか。→

　　B例：スーパーへよく行きますか。（いいえ、あまり）

　　　　→いいえ、あまり行きません。

① 手紙をよく書きますか。（いいえ、ぜんぜん）→

② 映画をよく見ますか。（いいえ、あまり）→

③ コーヒーをよく飲みますか。（はい、いつも）→

3 例：みかん（2）→みかんを二つください。

① ビール（1）→＿＿＿＿＿＿＿＿＿＿＿＿＿＿＿＿＿＿

② 切符（4）→＿＿＿＿＿＿＿＿＿＿＿＿＿＿＿＿＿＿＿

③ バンバーガー（3）→＿＿＿＿＿＿＿＿＿＿＿＿＿＿＿

④ 100円の切手（10）→＿＿＿＿＿＿＿＿＿＿＿＿＿＿＿

⑤ サンドイッチ（4）→＿＿＿＿＿＿＿＿＿＿＿＿＿＿＿

⑥ はがき（5）→＿＿＿＿＿＿＿＿＿＿＿＿＿＿＿＿＿＿

4　例：ビール（1）→ビールを1本ください。

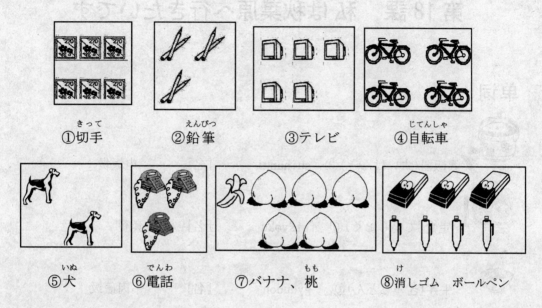

きって
①切手

えんぴつ
②鉛筆

③テレビ

じてんしゃ
④自転車

いぬ
⑤犬

でんわ
⑥電話

もも
⑦バナナ、桃

け
⑧消しゴム　ボールペン

三、阅读短文回答问题。

ことし　なつ　きょねん　あつ
① 今年の夏は去年より暑いですか。

あした　てんき
② 明日の天気はどうですか。

よる　　　　なに　の
③ 夜はときどき何を飲みますか。

きょうがっこう
④ 今日学校へ行きましたか。

日常用语

さき
どうぞ、お先に。 / 您先请。

しょうしょう　ま
少々お待ちください。（ちょっと待ってください） / 请稍等一下。

第18課　私は秋葉原へ行きたいです

单词

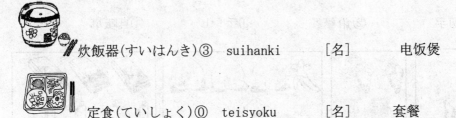

炊飯器(すいはんき)③	suihanki	[名]	电饭煲
定食(ていしょく)⓪	teisyoku	[名]	套餐
牛丼(ぎゅうどん)⓪	gyuudon	[名]	牛肉盖饭
電気製品(でんきせいひん)④	denkiseihin	[名]	电器产品

どうぞ①	douzo	[副]	请
秋葉原(あきはばら)③	akihabara	[地名]	秋叶原
そろそろ①	sorosoro	[副]	就要
別々（べつべつ）⓪	betubetu	[名・形动]	各自，分头
うまい②	umai	[形]	好的，好吃的，高明的
いただきます⓪	itadakimasu	[寒暄]	那我就不客气了
★	★	★	
結婚（けっこん）⓪	kekkon	[名・サ変]	结婚
洗濯機(せんたくき)③	sentakuki	[名]	洗衣机
運転（うんてん）⓪	unten	[名・サ変]	驾驶
実家（じっか）⓪	zikka	[名]	父母家
辛い（からい）②	karai	[形]	辣的
北海道（ほっかいどう）③	hokkaidou	[名]	北海道
写真を撮る（しゃしんをとる）⓪	syasinwotoru	[词组]	照相
ワイン①	wain	[名]	葡萄酒
紅茶（こうちゃ）⓪	koutya	[名]	红茶

课文

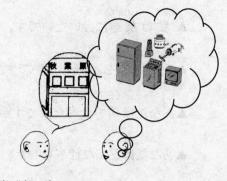

1　A：陳さんはどこへ行きたいですか。

　　B：私は秋葉原へ行きたいです。

　　A：あ、秋葉原ですか。

　　B：ええ。デジタルカメラや炊飯器などの電気製品を買いたいです。

2　A：もう昼ごはんの時間ですよ。そろそろ食堂へ行きませんか。

　　B：ええ。

　　A：何が食べたいですか。

　　B：そうですね。私はてんぷら定食が食べたいです。

　　A：わたしは牛丼です。

　　B：すみません。別々にお願いします。

　　A：定食が来ましたよ。どうぞ。

　　B：いただきます。うん、うまい。

句型・语法

1　私は　动词连用形+たいです。

　　「たい」是希望助动词。接在动词的连用形后，表示内心的愿望，相当于"想～"。
「たい」的变化和形容词一样。

例：

　▲ 私は大阪へ行きたいです。

　▲ 私は結婚したいです。

　▲ 私は洗濯機を買いたいです。

▲ 私は友達に会いたいです。

▲ 私は車を運転したいです。

▲あなたは何を食べたいですか。

▲あなたはどんな仕事をしたいですか。

▲あなたはビールを何本飲みたいですか。

2 私は 动词连用形+たくないです。

这是「たい」的否定形式，相当于"不想～"。

例：

▲ 私はあの人と結婚したくないです。

▲ 私は先生とメールで連絡したいです。

▲ 私はどこも行きたくないです。

▲ 私は誰も会いたくないです。

▲ 私は実家へ帰りたくないです。

▲ 私は辛い物を食べたくないです。

短文

犬の生活

　　私は犬です。名前はトモです。野田さんのうちにいます。私は毎朝太郎さんと散歩に行きます。それから、奥さんと買い物に行きます。午後、学校へ恵子ちゃんを迎えに行きます。それから、いっしょに公園へ遊びに行きます。

週末は野田さんの家族は遠い所へ車で遊びに行きます。私もいっしょに行きます。とても疲れます。

　野田さんのうちに猫もいます。猫は毎日何もしません。どこも行きません。私は朝から晩まで忙しいです。休みが全然ありません。私は猫といっしょに休みたいです。

補充単词
生活（せいかつ）⓪	seikatu	[名・自サ]	生活
太郎（たろう）	tarou	[人名]	太郎
迎え（むかえ）⓪	mukae	[名]	迎接
遊ぶ（あそぶ）③	asobu	[自五]	玩
散歩（さんぽ）⓪	sanpo	[名・自サ]	散歩
週末（しゅうまつ）⓪	syuumatu	[名]	周末
所（ところ）⓪	tokoro	[名]	地方
～ちゃん①	tyan	「結尾词」	昵称（接在名词后表示亲切）

練習

一、仿照例句进行句型替换练习

1　例：私、りんご、食べる→私はりんごを食べたくないです。

① 私、パーティー、行く→＿＿＿＿＿＿＿＿＿＿＿＿＿＿＿＿

② 私、お酒、飲む→＿＿＿＿＿＿＿＿＿＿＿＿＿＿＿＿＿＿

③ 私、テレビ、見る→＿＿＿＿＿＿＿＿＿＿＿＿＿＿＿＿

④ 私、仕事、する→＿＿＿＿＿＿＿＿＿＿＿＿＿＿＿＿＿

2　例：あなた、何、飲む

　　　→あなたは何を飲みたいですか。

　　　→私は紅茶を飲みたいです。

① あなた、何、聞く→＿＿＿＿＿＿＿＿＿＿＿＿＿＿

② あなた、何、見る→＿＿＿＿＿＿＿＿＿＿＿＿＿＿

③ あなた、どこへ行く。→＿＿＿＿＿＿＿＿＿＿＿＿

④ あなた、今 誰、会う→＿＿＿＿＿＿＿＿＿＿＿＿

二、仿照例句进行会话替换练习。

1 看图说话

例：私 、りんご、食べます→<u>私はりんごを食べたいです。</u>

① 北海道、行く   ② 黒いくつ、買う

③コーヒー、飲む   ④ 友だち、会う

2 例：あなたは北京へ行きたいですか。（はい）

　　　→はい、行きたいです。

① あなたは友達に会いたいですか。（はい）

　→

② あなたはワインを飲みたいですか。（いいえ）

　→

③ あなたは傘を買いたいですか。（はい）

　→

三、阅读短文回答问题。

① 「トモ」ちゃんは毎朝何をしますか。

② 週末はどうして疲れますか。

③ 「トモ」ちゃんは猫と一緒に何がしたいですか。

日常用语

いただきます。／开始吃饭了。

ご馳走様でした。／谢谢款待。

第 19 課　おみやげを買いに行きます

単词

疲れる（つかれる）③	tukareru	［名］	累、疲劳
お金を出す（おかねをだす）	okanewodasu	［词组］	交钱
財布（さいふ）⓪	saifu	［名］	钱包
掃除　（そうじ）⓪	souzi	［名・他サ］	扫除，清除
渋谷駅（しぶやえき）④	sibuyaeki	［名］	涩谷站
ほかに⓪	hokani	［副］	其他、以外
お好み焼き（おこのみやき）⓪	okonomiyaki	［名］	杂样煎饼
待ち合わせる（まちあわせる）⑤	matiawaseru	［他一］	会面

★　　　　★　　　　★

ギョーザ⓪	gyo-za	［名］	饺子
歌舞伎（かぶき）⓪	kabuki	［名］	歌舞伎
箱（はこ）⓪	hako	［名］	箱子
スープ①	su-pu	［名］	汤
ステーキ②	sute-ki	［名］	牛排
焼き肉⓪	yakiniku	［名］	烤肉
ゲーム①	ge-mu	［名］	游戏
ヨーグルト③	yo-guruto	［名］	酸奶
イタリア⓪	itaria	［国名］	意大利
デザイン②	dezain	［名］	设计
ディズニーランド⑤	dexizuni-rando	［名］	迪士尼乐园
カラオケ⓪	karaoke	［名］	卡拉 OK

シャワーを浴びる⑦	syawa-woabiru	［词组］	淋浴
手袋（てぶくろ）②	tebukuro	［名］	手套
出張（しゅっちょう）⓪	syuttyou	［名］	出差
洋服（ようふく）⓪	youfuku	［名］	衣服
上野（うえの）⓪	ueno	［地名］	上野
彼ら（かれら）①	karera	［代］	他们
遊ぶ（あそぶ）③	asobu	［自五］	游戏
外食（がいしょく）⓪	gaisyoku	［名］	在外面吃饭

课文

1　A：今度の土曜日、お好み焼きを食べに行きます。陳さんも一緒にどうですか。

　　B：いいですね。どこで待ち合わせますか。

　　A：じゃ、渋谷駅で会いましょう。

　　B：はい、渋谷駅ですね。

　　A：あ、3時でいいですか。

　　B：はい、3時でいいです。ほかには誰か行きますか。

　　A：えー、佐藤さんとキムさんが行きます。

2　A：王さんはこれから何をしますか。

　　B：私は新宿へ行きます。

　　A：新宿へ何をしに行きますか。

　　B：来週中国へ帰りますから、おみやげを買いに
　　　　行きます。

　　A：そうですか。何を買いますか。

　　B：ハンカチと財布を買います。田中さんは？

　　A：友達と映画を見に行きます。

语法・句型

1 体言は 体言を 动词连用形に 行きます。

　　这个句型的「に」是补格助词，表示来去的目的。前面的动词是连用形名词化，虽然以名词的形式出现，但却起着动词的作用，所以前面仍旧用宾格助词「を」表示。"～去（来）干～。"

例：

　▲ 私 はかばんを買いに行きます。

　▲王さんはギョーザを食べに行きます。

　▲アンジニさんはコーヒーを飲みに行きます。

　▲田中さんはコンサートを聞きに行きます。

　▲佐藤さんは買い物に行きます。

　▲奥さんと一緒に食事に行きます。

　▲学生はアルバイトに行きます。

　▲あなたは何をしに行きますか。

2 体言は 体言へ 体言に 行きます。

　　这是表示"到哪儿去干什么？"的句型。「へ」是补格助词接在体言后，表示方向。相当于汉语"到，往，去"

例：

①李さんはスーパーへパンを買いに行きます。

②アンジニさんは新宿へ歌舞伎を見に行きます。

③ 私 は郵便局へ切手を買いに行きます。

④ 林 さんは喫茶店へコーヒーを飲みに行きます。

⑤マリさんは食堂へ朝ご飯を食べに行きます。

⑥パクさんは会社へ仕事をしに行きます。

⑦〜さんはどこへ何をしに行きますか。

3 動詞連用形 ＋ましょう

「ましょう」是敬体助动词「ます」的推量式。相当于汉语的"……吧"。

例：

▲5時に池袋で会いましょう。

▲仕事の後一緒に食事に行きましょう。

▲明日一緒に映画を見に行きましょう。

4 〜か

副助词「か」接在疑问词后，表示不确定。一般肯定回答用「はい、〜。」，否定回答时用「いいえ、〜も〜ません。」

例：

▲鈴木さんはどこかへ行きましたか。

▲王さんは誰かに会いましたか。

▲教室に誰かいますか。

▲箱の中に何かありますか。

▲何か食べましょう。

説明

例1

肯定式回答

A：誰かいますか。／有人吗？（只问有没有人，并没指具体人）

B：はい、います。／是的，有人。

A：誰がいますか。／有谁？

B：王さんがいます。／有小王。

否定式回答

A：<ruby>誰<rt>だれ</rt></ruby>かいますか。／有人吗？

B：いいえ、<ruby>誰<rt>だれ</rt></ruby>もいません。／不，谁都不在。

例2

肯定式回答

A：<ruby>何<rt>なに</rt></ruby>か<ruby>食<rt>た</rt></ruby>べましょう。／吃点东西吧。（没明确什么东西）

B：ええ、<ruby>食<rt>た</rt></ruby>べましょう。／好的。吃吧。

否定式回答

A：<ruby>何<rt>なに</rt></ruby>か<ruby>食<rt>た</rt></ruby>べましたか。／吃什么东西了吗？

B：いいえ、<ruby>何<rt>なに</rt></ruby>も<ruby>食<rt>た</rt></ruby>べませんでした。／没有，什么都没吃。

例3

肯定式回答

A：どこかへ行きますか。

B：はい、行きます。

否定式回答

A：どこかへ行きますか。

B：いいえ、どこへも行きません。

5 ～ 。それから ～ 。

「それから」是接续词。接在两句之间，相当于"然后"。

例：

▲<ruby>部屋<rt>へや</rt></ruby>を<ruby>掃除<rt>そうじ</rt></ruby>しました。それから<ruby>外食<rt>がいしょく</rt></ruby>に<ruby>行<rt>い</rt></ruby>きました。

▲<ruby>晩御飯<rt>ばんごはん</rt></ruby>を<ruby>食<rt>た</rt></ruby>べました。それからテレビでドラマを<ruby>見<rt>み</rt></ruby>ました。

▲スープを<ruby>飲<rt>の</rt></ruby>みました。それからステーキを<ruby>食<rt>た</rt></ruby>べました。

▲<ruby>銀行<rt>ぎんこう</rt></ruby>へ<ruby>行<rt>い</rt></ruby>きました。それからデパートへ<ruby>買<rt>か</rt></ruby>い<ruby>物<rt>もの</rt></ruby>に<ruby>行<rt>い</rt></ruby>きました。

短文

<ruby>お寿司<rt>すし</rt></ruby>を<ruby>食<rt>た</rt></ruby>べに<ruby>行<rt>い</rt></ruby>きました

<ruby>昨日<rt>きのう</rt></ruby><ruby>友達<rt>ともだち</rt></ruby>のリカさんの<ruby>家<rt>いえ</rt></ruby>へお<ruby>寿司<rt>すし</rt></ruby>を<ruby>食<rt>た</rt></ruby>べに<ruby>行<rt>い</rt></ruby>きました。<ruby>魚<rt>さかな</rt></ruby>のお<ruby>寿司<rt>すし</rt></ruby>のほかに、カリフォルニアまきというお<ruby>寿司<rt>すし</rt></ruby>を<ruby>食<rt>た</rt></ruby>べました。そのお<ruby>寿司<rt>すし</rt></ruby>は<ruby>日本<rt>にほん</rt></ruby>にはありません。リカさんのお<ruby>母<rt>かあ</rt></ruby>さんはめずらしいものが<ruby>好<rt>す</rt></ruby>きです。リカさんのお<ruby>母<rt>かあ</rt></ruby>さんが<ruby>自分<rt>じぶん</rt></ruby>で

このカリフォルニアまきを作りました。リカさんの家でいつも珍しい料理を食べることができます。ですから、私はリカさんのお母さんが大好きです。

补充单词

カリフォルニアまき⑦	kariforuniamaki	[名]	加利福尼亚饭卷
作る（つくる）②	tukuru	[他五]	制作
珍しい（めずらしい）④	mezurasii	[形]	稀奇，少有
大好き（だいすき）①	daisuki	[形动]	非常喜欢

練習

一、仿照例句进行句型替换练习。

1　例：かばんを買う→かばんを買いに行きます。

① コンサートを聞く。→

② テニスをする。→

③ 焼き肉を食べる。→

④ 先生と会う。→

⑤ ゲームをする→

2　秋葉原へ行きます／電子辞書を買います

　　→秋葉原へ電子辞書を買いに行きます。

① スーパーへ行きます／ヨーグルトを買います

　→

② イタリアへ行きました／デザインを勉強します

　→

③ ディズニーランドへ行きます／遊びます

　→

④ 日本へ行きました／日本語を勉強します

　→

3　来る→来ましょう。

① 見る→

② 読む→

③ 帰る→

④ する→

⑤ 飲む→

4　例：デパートへ買い物をする。→レストランへ食事をする。

　　　デパートへ買い物をしに行きます。それからレストランへ食事をします。

① 英語を勉強する→日本語を勉強する。

　　＝_____

② 焼き肉を食べる→カラオケに行く。

　　＝_____

③ うちへ帰りる→シャワーを浴びる。

　　＝_____

二、　仿照例句进行会话练习。

1　例：どこへ手袋を買いに行きますか。（デパート）

　　　→デパートへ手袋を買いに行きます。

① 何を食べに行きますか。（うどん）

　　→_____

② いつもどこへ果物や野菜を買いに行きますか。（スーパー）

　　→_____

③ だれとディズニーランドへ遊びに行きますか。（彼ら）

　　→_____

④ どこへ 出張 に行きますか。（大阪）

　　→＿＿＿＿＿＿＿＿＿＿＿＿＿＿＿＿＿＿＿＿＿＿＿

⑤ いつ買い物に行きますか（金曜日）

　　→＿＿＿＿＿＿＿＿＿＿＿＿＿＿＿＿＿＿＿＿＿＿＿

⑥ どこへイタリア料理を食べに行きますか。（新宿）

　　→＿＿＿＿＿＿＿＿＿＿＿＿＿＿＿＿＿＿＿＿＿＿＿

2　看图说话

　　例：　新宿へ何をしに行きましたか。

　　　→映画を見に行きました。

①食事する　　　　②手紙を出す　　　　③買い物をする

④勉強する　　　　　　　⑤絵をかく

① レストランへ何をしに行きましたか。→＿＿＿＿＿＿＿＿＿＿
② 郵便局へ何をしに行きましたか。→＿＿＿＿＿＿＿＿＿＿＿＿
③ デパートへ何をしに行きましたか。→＿＿＿＿＿＿＿＿＿＿＿
④ 学校へ何をしに行きましたか。→＿＿＿＿＿＿＿＿＿＿＿＿＿
⑤ 山へ何をしに行きましたか。→＿＿＿＿＿＿＿＿＿＿＿＿＿＿

3　例：誰かいますか。（はい、アンジニさん）

　　　　　　　　→はい、います。アンジニさんがいます。

　　　　　　　　（いいえ）

　　　　　　　　→いいえ、誰もいません。

① 何か買いましたか。（はい、洋服）

　　→＿＿＿＿＿＿＿＿＿＿＿＿＿＿＿＿＿＿＿＿＿＿

② 今日、誰か来ますか。（はい、王さん）

　　→＿＿＿＿＿＿＿＿＿＿＿＿＿＿＿＿＿＿＿＿＿＿

③ おととい、どこかへ行きましたか。（はい、広島）

　　→＿＿＿＿＿＿＿＿＿＿＿＿＿＿＿＿＿＿＿＿＿＿

三、阅读短文回答问题。

① 昨日リカさんの家へ何をしに行きましたか。

② どんな寿司を食べましたか。

③ リカさんのおかあさんは何がすきですか。

④ リカさんの家でいつもどんな料理を食べることができますか。

日常用语

あけまして、おめでとうございます。／新年快乐。
ようこそいらっしゃいました。／热烈欢迎您的光临。

第20課　あそこで新聞を読んでいます

単词

曲がる（まがる）③	magaru	[自五]	转弯，弯曲
新聞（しんぶん）⓪	sinbun	[名]	报纸
信号（しんごう）⓪	singou	[名・自サ]	信号，暗号
止める（とめる）⓪	tomeru	[他]	停止
ビル①	biru	[名]	大楼
読む（よむ）①	yomu	[他五]	读
喫茶店（きっさてん）⓪③	kissaten	[名]	咖啡店
新宿（しんじゅく）⓪	sinzyuku	[地名]	新宿
左（ひだり）⓪	hidari	[方位名词]	左边
午前（ごぜん）①	gozen	[名]	上午
午後（ごご）①	gogo	[名]	下午
あとで①	atode	[副]	之后
★ ★ ★			
メモ①	memo	[名・他サ]	记录，笔记
貸す（かす）⓪	kasu	[他五]	借出、租

座る（すわる）③	suwaru	[自五]	坐
入る（はいる）①	hairu	[自五]	进入
～番（～ばん）①	ban	[接尾]	～号
窓口（まどぐち）②	madoguti	[名]	窗口
プール①	puuru	[名]	泳池
泳ぐ（およぐ）②	oyogu	[自五]	游泳
テキスト①	tekisuto	[名]	教材，原文
出す（だす）①	dasu	[他五]	提出，拿出
貼る（はる）②	haru	[他五]	贴，糊
電話をかける（でんわをかける）			
	denwawokakeru	[词组]	打电话
準備（じゅんび）①	zyuunbi	[名・自サ]	准备，预备
駐車（ちゅうしゃ）⓪	tyuusya	[名・自サ]	停车
タクシー①	takusi-	[名]	出租车
呼ぶ（呼ぶ）①	yobu	[他五]	喊，打招呼
空手（からて）⓪	karate	[名]	空手道
キムチ①	kimuti	[名]	辣白菜
習う（ならう）②	narau	[他五]	学习，练习
テープ①	te-pu	[名]	磁带
作る（つくる）②	tukuru	[他五]	作，造，制
練習（れんしゅう）⓪	rensyuu	[名、サ]	练习
急ぐ（いそぐ）②	isogu	[自五]	赶紧、赶快
橋（はし）②	hasi	[名]	桥，桥梁
渡る（わたる）③	wataru	[自五]	过，渡

课文

1　A：すみません。新宿まで、お願いします。

B：はい。

A：すみません、あの信号を左へ曲がってください。

B：左ですね。

A：ええ。あの白いビルの前で止めてください。

B：はい。

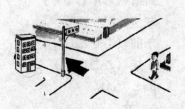

2　A：すみません。田中先生はどこですか。
　　B：今、会議室でサリさんと話しています。

　　A：じゃ、あとで来ます。

3　A：王さんは何をしていますか。
　　B：部屋で新聞を読んでいます。

　　A：キムさんは?

　　B：本を読んでいます。

　　A：あそこで男の人がタバコを吸っていますね。
　　あの人は誰ですか。

　　A：あの人は木村さんです。

4　A：パクさんは毎日何をしていますか。
　　B：午前中、英語を勉強しています。
　　A：午後は何をしていますか。
　　B：午後は喫茶店でアルバイトをしています。

语法・句型

动词的连用形（て形）

　　「て」是接续助词，接在动词的连用形（五段动词要发生音便）后面，构成连接式，然后再连接动词或前后关联的事项。

① 五段动词连用形后续「て」时，除了词尾是「す」的五段动词外，其他动词都要发生音便。音便有三种：い音便，促音便，拨音便。

- い音便：以「く」为结尾的动词词尾变成「い」；以「ぐ」结尾的动词词尾也变成「い」，但注意后续的「て」要变成「で」。如：かく→かいて、およぐ→およいで等。
- 促音便：以「つ、う、る」结尾的动词词尾变成促音「っ」。如：たつ→たって、いう→いって、のる→のって等。
- 拨音便：以「ぶ、ぬ、む」结尾的动词词尾接「て」时，词尾要变成「ん」、后续的「て」要变成「で」。如：まなぶ→まなんで、しぬ→しんで、よむ→よんで等。

② 一段动词接「て」时，把词尾「る」去掉，直接接「て」就可以了。如：みる→み
　　て、たべる→たべて、おきる→おきて。

③ サ变动词「する」接「て」时，词干词尾不分，要变成して。汉字词加「する」的
　　サ变动词接「て」时只变「する」。如：する→して、紹介する→紹介して。

④ カ变动词「来る」接「て」时，也是词干词尾不分，要变成「きて」。くる→きて。

五段动词

書く　　→　かいて

急ぐ　→　いそで

直す　→　なおして

待つ　　→　まって

死ぬ　→　しんで

呼ぶ　→　よんで

読む　→　よんで

取　　→　とって

買う　→　かって

一段动词

聞える　→　きこえて

捨てる　→　すてて

起きる　→　おきて

サ変

する　　→　して

勉強する→　勉強して

カ変动词

来る　　→きて

1 动词连用形（五段动词要发生音便）+ てください

这是表示请求的惯用句型。相当于汉语的"请～"

例：

▲メモを貸_かしてください。

▲ここに座_{すわ}ってください。

▲部屋_{へや}に入_{はい}ってください。

▲早_{はや}く教室_{きょうしつ}を掃除_{そうじ}してください。

▲3番_{ばん}の窓口_{まどぐち}に行_いってください。

▲プールで泳_{およ}いでください。

▲テキストを読_よんでください。

2 体言 は 动词连用形+ています。

这是动作的进行式，相当于"正在～"

例：

▲私_{わたし}は映画_{えいが}を見_みています。

▲林_{はやし}さんは図書館_{としょかん}で勉強_{べんきょう}しています。

▲男_{おとこ}の子_こは庭_{にわ}で猫_{ねこ}と遊_{あそ}んでいます。

短文

メール

野田_{のだ}さん

北京大学_{ぺきんだいがく}への留学決定_{りゅうがくけってい}、おめでとうございます。いつ北京_{ぺきん}に着_つきますか。教_{おし}えてください。私_{わたし}は空港_{くうこう}まで迎_{むか}えに行_いきます。

私_{わたし}は中国_{ちゅうごく}に帰_{かえ}ってから、ある会社_{かいしゃ}に就職_{しゅうしょく}しました。日本_{にほん}との貿易_{ぼうえき}の仕事_{しごと}をしています。日本語_{にほんご}は毎日_{まいにち}使_{つか}っています。でも、毎日残業_{まいにちざんぎょう}しています。

住居_{じゅうきょ}について、ご心配_{しんぱい}しないでください。

では、お元気_{げんき}で。ご家族_{かぞく}の皆様_{みなさま}にもよろしく。

5月9日

張明_{ちょうめい} より

留学決定（りゅうがくけってい）⓪	ryuugakukettei	［名］	留学决定
おめでとうございます	omedetougozaimasu	［寒暄语］	祝贺，恭喜
教える（おしえる）⓪	osieru	［他一］	教授，告诉
空港（くうこう）⓪	kuukou	［名］	机场
迎える（むかえる）⓪	mukaeru	［他一］	迎接
就職（しゅうしょく）⓪	syuusyoku	［名・自サ］	就职
貿易（ぼうえき）⓪	boueki	［名］	贸易
残業（ざんぎょう）⓪	zangyou	［名・自サ］	加班
住居（じゅうきょ）①	zyuukyo	［名］	住所
皆様（みなさま）②	minasama	［名］	各位、诸位
～について		［惯用句］	关于～

練習

一、仿照例子进行练习。

1　例　かく→書いて

<table>
<tr><td>遊ぶ</td><td>行く</td></tr>
<tr><td>教える</td><td>借りる</td></tr>
<tr><td>持つ</td><td>歩く</td></tr>
<tr><td>作る</td><td>来る</td></tr>
<tr><td>開ける</td><td>間違う</td></tr>
<tr><td>急ぐ</td><td>飲む</td></tr>
<tr><td>乗る</td><td>死ぬ</td></tr>
<tr><td>食べる</td><td>帰る</td></tr>
<tr><td>話す</td><td>する</td></tr>
<tr><td>学ぶ</td><td>練習する</td></tr>
</table>

2　例：論文を書く。→論文を書いてください。

①論文を出す。→

②早く来る。→

③体育館で練習する。→

④切手を貼く。→

⑤時間がありませんから、急ぐ。→

⑥韓国語で話します。→

⑦試験準備をする。→

⑧ここで駐車する。→

⑨タクシーを呼ぶ。→

⑩11時に寝る。→

⑪この薬を飲む。→

⑫切符を買う。→

⑬肉を切る。→

⑭これを聞く。

⑮ここに座る。→

二、仿照例句进行会话替换练习。

1　例：　A：田中さんは今何をしていますか。

　　　　B：テニスをしています。

　　①　　　　　　②　　　　　　　③　　　　　　④

① リンさん（テープを聞く）

A：＿＿＿＿＿＿＿＿＿＿＿＿＿＿＿＿＿＿＿＿＿＿

B：＿＿＿＿＿＿＿＿＿＿＿＿＿＿＿＿＿＿＿＿＿＿

② パクさん（絵をかく）

A: _____

B: _____

③ 田中さん（料理を作る）

A: _____

B: _____

④ 青山先生（本を読む）

A: _____

B: _____

2　例：鈴木さんはリンゴを食べます。

　　　→鈴木さんはリンゴを食べていますか。

　　　　はい、食べています。／いいえ、食べていません。

① 王さんはコンサートを聞く。

　　→_____

　　_____

② 佐藤さんは空手を習う。

　　→_____

　　_____

③ パクさんはキムチを食べる。

　　→_____

　　_____

④ キムさんは恋人を待つ。

　　→_____

　　_____

3　看図説話

例：　A：絵を描いてください。

　　　B：はい、描きます。

①その橋

②窓

③こちら

④止まる

⑤明日

① A：＿＿＿＿＿＿＿＿＿＿＿＿＿＿＿＿＿

　　B：はい、渡す。

② A：＿＿＿＿＿＿＿＿＿＿＿＿＿＿＿＿＿

　　B：はい、開ける。

③ A：＿＿＿＿＿＿＿＿＿＿＿＿＿＿＿＿＿

　　B：はい、行く。

④ A：＿＿＿＿＿＿＿＿＿＿＿＿＿＿＿＿＿

　　B：はい、待つ。

⑤ A：＿＿＿＿＿＿＿＿＿＿＿＿＿＿＿＿＿

　　B：はい、かける。

三、阅读短文回答问题。

① 野田さんは北京へ留学しますか。

② 張明は何を知りたいですか。

③ 張明は何の仕事をしていますか。

④ このメールはいつ書きましたか。

日常用语

いろいろお世話になりました。どうもありがとうございました。／承蒙关照，非常感谢。

お誕生日／ご入学／ご結婚おめでとうございます。／祝贺生日，升学，结婚

第21課　野田さんは眼鏡をかけています

单词

 帽子（ぼうし）⓪　　bousi　　[名]　　帽子

 ネクタイ①　　　　nekutai　　[名]　　领带

 眼鏡をかける（めがねをかける）meganewokakeru [词组]戴眼镜

 立つ（たつ）①　　tatu　　[自五]　　站立

 コート①　　　　　ko-to　　[名]　　外套，大衣

 結婚（けっこん）⓪ kekkon [名・自サ]结婚

知る（しる）②	siru	[他五]	懂，知道
かぶる②	kaburu	[他五]	戴（帽子等）
つける②	tukeru	[他一]	系
住む（すむ）①	sumu	[自五]	居住
格好いい（かっこういい）	kakkouii	[形]	帅，有风度
青い（あおい）②	aoi	[形]	青色的，蓝色的
赤い（あかい）②	akai	[形]	红色的
独身（どくしん）⓪	dokusin	[名]	独身
着る（きる）⓪	kiru	[自五]	穿

色（いろ）②	iro	[名]	颜色
形（かたち）⓪	katati	[名]	形状
はく②	haku	[他五]	穿（裤子、鞋等下身的衣物）
★	★	★	
茶色（ちゃいろ）③	tyairo	[名]	茶色
スニーカー②	suni-ka-	[名]	运动鞋
漫画（まんが）⓪	manga	[名]	漫画
ズボン②	zubon	[名]	裤子
売る（うる）②	uru	[他五]	卖，销售
セーター①	se-ta-	[名]	毛衣
持つ①	motu	[他动]	拿，持有
サンダル⓪	sandaru	[名]	凉鞋
千葉県（ちばけん）②	tibaken	[地名]	千叶县
群馬県（ぐんまけん）③	gunmaken	[地名]	群马县
ベスト①	besuto	[名]	马甲，背心
いとこ②	itoko	[名]	堂兄妹，表兄妹
叔父⓪（おじ）	ozi	[名]	叔叔，舅舅，姑父，姨父
叔母⓪（おば）	oba	[名]	阿姨，婶，伯母

课文

1　A：マリさん、あの人を知っていますか。

B：いいえ、知りません。だれですか。

A：山村さんですよ。近くに住んでいます。

B：やさしい人ですね。独身ですか。

A：いいえ、もう結婚しています。

B：山村さんの隣に立っている人はだれですか。

A：どの人ですか。

B：あの青いコートを着ている人です。

A：ああ、あの人はインドのサリさんです。

B：サリさんは結婚していますか。

A：いいえ、結婚していません。

B：そうですか。

2　A：高さんはどの人ですか。

B：あの人です。眼鏡をかけています。黒い帽子をか

　　ぶっています。

A：ああ、分かりました。隣の人は？赤いネクタイを

　　していますね。

B：あ、あの人は王さんです。

A：そうですか。格好いいですね。

王さん　　高さん

3　A：キムさん、きれいなスカートをはいていますね。

B：ああ、これは先週銀座で買いましたの。

A：色もデザインもいいですね。

B：ありがとう。

语法・句型

1　体言　は　体言　を动词连用形（五段动词要发生音便）ています。

　　这是动作结果的持续状态，表示某一动作或作用完了之后所留下的结果，且以现有的状态存在着并持续下去。相当于汉语的"〜着"

例：

▲　弟は茶色の帽子をかぶっています。

▲叔父さんはメガネをかけています。

▲窓が開いている。

▲　妹はスカートをはいています。

2 体言は 動詞連用形（五段動词要发生音便）ています。

表示某种动作结束后留下的结果状态，是一种长期持续的状态。

例：

▲両親は名古屋に住んでいます。 / 父母住在名古屋。

▲兄は結婚しています。 / 哥哥结婚了。

▲姉は車を持っています。 / 姐姐有车。

▲父は本屋で漫画を売ってます。 / 父亲在书店卖漫画书。

3 亲属关系称呼

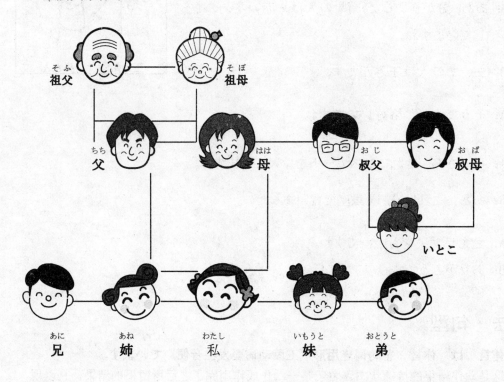

短文

公園

公園にはたくさん花が咲いています。木もたくさんあります。子供が大勢遊んでいます。小鳥は木の上で歌っています。池には橋がかかっています。鯉が泳いでいます。赤い鯉も黒い鯉もいます。

向こうで人が写真を撮っています。子供がブランコに乗っています。子供のお母

さんがそばで見ています。木陰で若い男女が 話 しています。

わたしたちはその近くに住んでいます。

补充单词

咲く（さく）②	saku	[自五]	花开
子供（こども）⓪	kodomo	[名]	小孩
小鳥（ことり）③	kotori	[名]	小鸟
池（いけ）②	ike	[名]	池塘
橋（はし）②	hasi	[名]	桥
架かる（かかる）②	kakaru	[自五]	架设（桥梁等）
鯉（こい）①	koi	[名]	鲤鱼
向こう（むこう）②⓪	mukou	[名]	对面，那边
ブランコ②	buranko	[名]	秋千
木陰（こかげ）⓪	kokage	[名]	阴凉处
若い（わかい）②	wakai	[形]	年轻
男女（だんじょ）①	danzyo	[名]	男女

练习

一、仿照例句进行句型替换练习。

1　例：ズボンをはく→ズボンをはいています。

A ① メガネをかける→

　② スニーカーをはく→

　③ ベストを着る→

　④ ネクタイをつける→

　⑤ 財布を持つ→

　⑥ 帽子をかぶる→

　⑦ サンダルをはく→

B ① 住む→

　② 結婚する→

　③ 売る→

二、仿照例句进行会话替换练习。

1．看图说话

例：リンさんは帽子（ぼうし）をかぶっています。

① 叔父（おじ）さん、メガネ　　② 姉（ねえ）さん、靴（くつ）

③ お父（とう）さん、ネクタイ　　④ いとこさん、セーター

2①A：先生（せんせい）は独身（どくしん）ですか。

　B：いいえ、＿＿＿＿＿＿＿＿＿＿＿＿＿＿＿＿＿＿＿＿

　②A：先生（せんせい）は結婚（けっこん）していますか。

　B：はい、＿＿＿＿＿＿＿＿＿＿＿＿＿＿＿＿＿＿＿＿＿＿

　③A：張（ちょう）：佐藤（さとう）さんはどこに＿＿＿＿＿＿＿＿＿＿

　B：佐藤（さとう）：私（わたし）は千葉県（ちばけん）に＿＿＿＿＿＿＿＿＿＿＿

　　　　　　あなたはどこに＿＿＿＿＿＿＿＿＿＿＿＿

　A：私（わたし）は群馬県（ぐんまけん）に住（す）んでいます。

三、阅读短文回答问题。

①公園（こうえん）には池（いけ）がありますか。

②向（む）こうの人（ひと）は何（なに）をしていますか。

③子供（こども）のお母（かあ）さんは何（なに）をしていますか。

日常用语

皆（みな）さんによろしくお伝（つた）えください。／请给大家带个好。

近頃（ちかごろ）、お仕事（しごと）は順調（じゅんちょう）ですか。／您最近工作顺利吗？

第22課　朝ご飯を食べて会社へ行きます

単词

歯を磨く（はをみがく）　　　hawomigaku　　[词组]　　刷牙

顔を洗う（かおをあらう）　kaowoarau　　[词组]　　洗脸

乗る（のる）②　　　　noru　　　　[自五]　　乗坐

降りる（おりる）②　oriru　　[自一]　　下，下来

起きる（おきる）②　　　okiru　　[自一]　　起床

食事（しょくじ）⓪　　　　syokuzi　　[名・自サ]　吃饭

着く（つく）②　　　　　tuku　　　　[自五]　　到达

先（さき）　⓪　　　　　saki　　　[名]　　　先、早

お先に失礼します（おさきにしつれいします）　　　我先走一步，失陪了

★　　　　　　　★　　　　　　　★

電気を消す（でんきをけす）　denkiwokesu　[词组]　　关灯

出る（でる）①　　　　　deru　　　　[自一]　　出去，出来，离开

調べる（しらべる）③　　siraberu　　[他一]　　调查研究

作文（さくぶん）⓪　　　sakubun　　[名・他サ]　作文

卒業（そつぎょう）⓪　　sotugyou　　[名・他サ]　毕业

休む（やすむ）②	yasumu	[自五]	休息，缺席
炒める（いためる）③	itameru	[他一]	炒
夕食（ゆうしょく）⓪	yuusyoku	[名]	晚饭
寮（りょう）①	ryou	[名]	宿舍
マッサージ③	massa-zi	[名・他サ]	按摩
ぐらい③	gurai	[副助]	大约
お風呂に入る（おふろにはいる）	ofuronihairu	[词组]	洗澡
検討（けんとう）⓪	kentou	[名・他サ]	研究，探讨
結論（けつろん）⓪	keturon	[名・他サ]	结论

课文

1　A：趙さん、毎朝、何時に起きますか。

　　B：6時半です。

　　A：それから、何をしますか。

　　B：歯を磨いて、顔を洗って、朝ご飯を食べて

　　　　会社へ行きます。

　　A：どうやって会社へ行きますか。

　　B：上野で電車に乗って、渋谷で降りて10分ぐらい歩いて会社に

　　　　着きます。

2　A：佐藤さん、どこへ行きましたか。

　　B：さっき、銀座へ行って、食事をして、買い物をしました。

　　A：そうですか。夜、家でパーティーがあります。来ませんか。

　　B：そうですか。はい、行きます。

3　A：田中さん、もう6時ですよ。

　　B：あ、私はこの仕事が終わってから帰ります。どうぞ、お先に。

　　A：そうですか。じゃ、お先に失礼します。

语法・句型

1　体言　は　动词连用形て、动词连用形て、……。

「て」接在动词连用形后（五段动词要发生音便）表示动作、行为的相继发生。

例:

▲王さんは電気を消して、出かけます。

▲田中さんはテレビを見て、新聞を読んで、寝ます。

▲キムさんは辞書を調べて、作文を書いて、出しました。

▲サリさんは銀座へ行って、友達に会います。

2　体言　は　动词连用形　てから……。

「てから」是由「て」+「から」构成的。接在动词的连用形后（五段动词要发生音便），表示动作、情况发生之后，相当于汉语的"～之后"。

例:

▲陳さんは大学を卒業してから日本へ行きます。

▲鈴木さんは10分休んでから勉強します。

▲みなさん、電車が止まってから降りてください。

▲王さんは仕事が終わってから家に帰りました。

短文

夜のタクシー

夜12時になりました。ここは新宿の駅です。私は駅の前からバスに乗って家へ帰ります。けれども、今日はもうバスがありません。ですから、タクシー乗り場の前には、大勢の人が並んでいます。女の人もいます。お酒を飲んで少し酔っ払っている人もいます。皆タクシ

一を待っています。しかし、タクシーはあまり来ません。今日は金曜日ですから、夜
遅く帰る人がたくさんいます。タクシーを1時間待っている人もいます。

新宿では、夜タクシーに乗りたい人が大勢います。

補充単词

けれども①	keredomo	[接续]	然而，但是，不过
もう①	mou	[副]	已经
乗り場（のりば）⓪	noriba	[名]	车站
並ぶ（ならぶ）⓪	narabu	[自五]	排列，堆放
酔っ払う（よっぱらう）⓪	yopparau	[自五]	醉酒
皆（みな）②	mina	[名]	大家
待つ（まつ）①	matu	[他五]	等待

練習

一、仿照例句进行会话替换练习。

1 例 起きる ← 食べる ← 出かける

　　 →起きて、食べて、出かけます。

① 洗う ← 炒める ← 食べる

→

② 食べる ← 飲む ← 遊ぶ

→

③ 見る ← 話す ← 聞く

→

④ 準備する ← 作る ← 売る

→

⑤ 行く ← 会う ← 帰る

→

⑥ 乗る ← 降りる ← 歩く

→

2 例 夕食をします→ 寮 に帰ります

　　　→夕食をしてから、寮に帰ります。

① 授業が終わります→アルバイトします

　→＿＿＿＿＿＿＿＿＿＿＿＿＿＿＿＿＿＿＿＿＿

② 予約します→マッサージの店に行きます

　→＿＿＿＿＿＿＿＿＿＿＿＿＿＿＿＿＿＿＿＿＿

③ 銀行へ行きます→買い物します

　→＿＿＿＿＿＿＿＿＿＿＿＿＿＿＿＿＿＿＿＿＿

④ 晩御飯を食べます→散歩に行きます

　→＿＿＿＿＿＿＿＿＿＿＿＿＿＿＿＿＿＿＿＿＿

⑤ 仕事が終わります→飲み会に行きます。

　→＿＿＿＿＿＿＿＿＿＿＿＿＿＿＿＿＿＿＿＿＿

3 例

　　　6時に起きる☛朝ご飯を食べる☛学校へ行く

　　＝6時に起きて、朝ご飯を食べて、学校へ行きます。

　　＝6時に起きて、朝ご飯を食べてから、学校へ行きます。

① 名古屋駅で電車に乗る☛ 京都で降りる☛20分ぐらい歩く

　＝＿＿＿＿＿＿＿＿＿＿＿＿＿＿＿＿＿＿＿＿＿
　＝＿＿＿＿＿＿＿＿＿＿＿＿＿＿＿＿＿＿＿＿＿

② 家へ帰る☛お風呂に入る☛テレビを見る

　＝＿＿＿＿＿＿＿＿＿＿＿＿＿＿＿＿＿＿＿＿＿
　＝＿＿＿＿＿＿＿＿＿＿＿＿＿＿＿＿＿＿＿＿＿

③ 新聞を読む→コーヒーを飲む→会社へ行く

　＝＿＿＿＿＿＿＿＿＿＿＿＿＿＿＿＿＿＿＿＿＿
　＝＿＿＿＿＿＿＿＿＿＿＿＿＿＿＿＿＿＿＿＿＿

④ 5時半に会社を出る☛6時半に彼女と会う☛映画を見る。

　＝＿＿＿＿＿＿＿＿＿＿＿＿＿＿＿＿＿＿＿＿＿
　＝＿＿＿＿＿＿＿＿＿＿＿＿＿＿＿＿＿＿＿＿＿

⑤ 2時ごろ<ruby>準備<rt>じゅんび</rt></ruby>する━<ruby>会議<rt>かいぎ</rt></ruby>で<ruby>検討<rt>けんとう</rt></ruby>する━<ruby>結論<rt>けつろん</rt></ruby>を<ruby>出<rt>だ</rt></ruby>す。

= _____

= _____

二、仿照例句进行会话替换练习。

1. 看图说话

例：絵 a→b→c　A：<ruby>何<rt>なに</rt></ruby>をしますか。

B：7時に<ruby>起<rt>お</rt></ruby>きて、<ruby>朝<rt>あさ</rt></ruby>ご<ruby>飯<rt>はん</rt></ruby>を<ruby>食<rt>た</rt></ruby>べて、<ruby>学校<rt>がっこう</rt></ruby>へ<ruby>行<rt>い</rt></ruby>きます。

a <ruby>起<rt>お</rt></ruby>きる　　b <ruby>朝<rt>あさ</rt></ruby>ご<ruby>飯<rt>はん</rt></ruby>を<ruby>食<rt>た</rt></ruby>べる　　c <ruby>行<rt>い</rt></ruby>く

d <ruby>勉強<rt>べんきょう</rt></ruby>する　　e <ruby>散歩<rt>さんぽ</rt></ruby>する　　f <ruby>帰<rt>かえ</rt></ruby>る

g <ruby>新聞<rt>しんぶん</rt></ruby>を<ruby>見<rt>み</rt></ruby>る　　h <ruby>絵<rt>え</rt></ruby>をかく　　i <ruby>寝<rt>ね</rt></ruby>る

①b→c→d

= _____

②a→g→b

= _____

③e→f→h

　　=_____

④c→d→f

　　=_____

⑤f→g→h

　　=_____

⑥g→h→i

　　=_____

三、阅读短文回答问题。

① タクシー乗り場の前にはどんな人がいますか。

② 今日は何曜日ですか。

③ タクシーを待っている時間はどのぐらいかかりますか。

日常用语

お待たせしました。本当にすみません。／真对不起，让您久等了。

お手数をかけまして、申しわけございません。／给您添麻烦了，真不好意思。

第23課　ここは静かで便利です

単词

頭（あたま）③	atama	[名]	头
まずい②	mazui	[形]	难吃的，拙劣的
若い（わかい）②	wakai	[形]	年轻的
頭がいい（あたまがいい）	atamagaii	[词组]	聪明
ところ③	tokoro	[名]	地方

★　　★　　★

汚い（きたない）③	kitanai	[形]	脏的
まじめ⓪	mazime	[形动]	认真踏实
複雑（ふくざつ）⓪	fukuzatu	[名・形动]	复杂，纷乱
近い（ちかい）②	tikai	[形]	近的
かたい②	katai	[形]	坚固的，硬的
やわらかい④	yawarakai	[形]	柔软的
甘い（あまい）②	amai	[形]	甜的
家賃（やちん）①	yatin	[名]	房租

课文

1　A：こんにちは。

　　B：こんにちは。

　　A：さっき佐藤さんと話しをしている人は中国の陳さんですか。

　　B：はい、そうです。

　　A：陳さんは髪が黒くて長いですね。

B：はい、そして、陳さんは若くてきれいで、頭もいいです。

A：そうですね。

2　A：これはパクさんの車ですか。

B：いいえ、パクさんの車は黒くて新しいのです。

A：鈴木さんの車はどんなのですか。

B：鈴木さんの車は赤くて小さいです。

3　A：きれいなレストランですね。

B：ええ、このレストランの料理は安くて、おいしいです。

A：ここはいいところですね。

B：そうですね。静かで、便利です。本当にいいところです。

语法・句型

形容词的「て形」

接续助词「て」接在形容词连用形「く」的后面，表示性质或状态的并列。

如：

重いです→重くて…

白いです→白くて…

いいです→よくて…

形容动词的「て形」

把形容动词的词尾改为「で」就可以了，也是表示性质或状态的并列。

如：

静かです→静かで…

きれいです→きれいで…

にぎやかです→にぎやかで…

ひまです→ひまで…

1　体言は形容詞連用形くて／形容動詞連用形で、形容詞／形容動詞です。

　　　译成"～而～"或不译。

例：

　　▲この電子辞書は古くて安いです。

　　▲張さんの部屋は新しくて広いです。

　　▲洋子さんは優しくてきれいです。

　　▲ニューヨークはにぎやかで有名です。

　　▲新幹線は速くて便利です。

　　▲山下さんはハンサムで明るいです。

2　体言は形容詞連用形（形容動詞）て（で）いいです。

　　　可译为"～不错，挺好"。

例：

　　▲この小説は面白くていいです。

　　▲このテーブルは小さくていいです。

　　▲このレストランは静かでいいです。

　　▲このパソコンは新しくていいです。

短文

李さんの日記

　　今日は七月六日、水曜日です。天気は晴れです。昨日の夜、雨が降りました。今朝、

とてもさわやかでいい天気でした。今、奈良にいます。ここは車や人が少なくて、

とても静かです。起きてから、湖の周りを散歩しました。とてもきれいでした。

可愛い小鳥たちもたくさん見ました。午後は公園やお寺へ行きました。ここには古いお寺がたくさんあって、有名なお寺だけを見ました。帰ってから、近くのスーパーで魚を買いました。新鮮で安かったです。明日東京へ行きます。もっと楽しみにしています。

補充単词

湖 (みずうみ) ③	mizuumi	[名]	湖
爽やか (さわやか) ②	sawayaka	[形动]	爽快，清爽
周り (まわり) ⓪	mawari	[名]	周围
お寺 (おてら) ⓪	otera	[名]	寺庙
だけ②	dake	[副助]	只

練習

一、仿照例句进行句型替换练习。

1 例：小さいです→小さくて

　　　賑やかです→賑やかで

① 大きいです→＿＿＿＿＿＿＿　⑥新鮮です→＿＿＿＿＿＿＿＿

② 暑いです→＿＿＿＿＿＿＿　⑦きれいです→＿＿＿＿＿＿＿

③ 低いです→＿＿＿＿＿＿＿　⑧ 短いです→＿＿＿＿＿＿＿

④ 可愛い→＿＿＿＿＿＿＿　⑨静かです→＿＿＿＿＿＿

⑤ 親切です→＿＿＿＿＿＿＿　⑩複雑です→＿＿＿＿＿＿＿

2 例：安いです＋きれいです→安くて、きれいです。

① 可愛いです＋きれいです→

　きれいです＋可愛いです→

② 古いです＋高いです→

　　高いです＋古いです→

③ 美しいです＋静かです→

　　静かです＋美しいです→

④ 面白いです＋簡単です→

　　簡単です＋面白いです→

⑤ 背が高いです＋ハンサムです→

　　ハンサムです＋背が高いです→

⑥ 優しいです＋頼もしいです→

　　頼もしいです＋優しいです→

⑦ 安いです＋おいしいです→

　　おいしいです＋安いです→

3．例：元気です→<u>元気で、いいです。</u>

① 涼しいです→_____

② 静かです→_____

③ 暖かいです→_____

④ 広いです→_____

⑤ おいしいです→_____

⑥ 近いです→_____

二、仿照例句进行会话替换练习。

1 看图说话

例： A：この人はどうですか。

B：この人は背が高くて、ハンサムです。

①アイスクリーム ② ケーキ ③ハンサム

④新幹線 ⑤ 部屋

若い	寒い	冷たい	おいしい	安い	かたい
汚い	あまい	広い	まずい	速い	やわらかい
ハンサム	便利	きれい		背が高い	目が大きい

①_____

②_____

③_____

④_____

⑤_____

2 例 あのレストラン（どう）／高いです／まずいです

A：あのレストランはどうですか。

B：高くて、まずいですよ。

① あのマンション（どう）／広いです／家賃は安いです

A: _____

B: _____

② あなたのパソコン（どう）／古いです／遅いです

A: _____

B: _____

③ 佐藤さん（どんな）／明るい／親切です

A: _____

B: _____

④ アンジニさん（どんな）／頭がいいです／まじめです

A: _____
B: _____

⑤ あの本（どう）／長いです／面白くないです

A: _____

B: _____

3　例　A：どんなかばんですか。（小さいです）

　　　　B：小さくて、いいかばんですよ。

　　　　A：そうですか。

① A：　どんなところですか。（美しいです）

　　B：_____ですよ。

　　A：そうですか。

② A：　どんな本ですか。（簡単です）

　　B：_____ですよ。

　　A：そうですか。

③ A：どんな部屋ですか。（広いです）

B：＿＿＿＿＿＿＿＿＿＿＿＿＿ですよ。

A：そうですか。

三、阅读短文回答问题。

① 今日は何日ですか。

② 今どこにいますか。

③ 午後何をしましたか。

④ 明日どこへ行きますか。

日常用语

どうぞ、ご遠慮なく。／请别客气。

どうぞ、ご自由に。／请随意。

第 24 課　辞書を見てもいいですか

单词

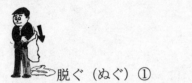

脱ぐ（ぬぐ）①　　　　　nugu　　　　　[他五]　　脱，摘

試験（しけん）②　　　　siken　　　　　[名]　　　考试

駐車（ちゅうしゃ）⓪tyuusya　　　　　[名・自サ]　停车

用事（ようじ）⓪　　　　youzi　　　　　[名]　　　应该做的事

行う（おこなう）⓪　　　okonau　　　　[他五]　　举行

だめ②　　　　　　　　　dame　　　　　[名・形动]　不行，白费

まだ①　　　　　　　　　mada　　　　　[副]　　　尚，还

★　　　　　　　★　　　　　　　★

ドイツ語（ドイツご）⓪　doitugo　　　　[名]　　　德语

資料（しりょう）①　　　siryou　　　　　[名]　　　资料

食品（しょくひん）⓪　　syokuhin　　　[名]　　　食品

止まる（とまる）⓪　　　tomaru　　　　[自五]　　停止

ドアを開ける（ドアをあける）doawoakeru　[词组]　　开门

宿題（しゅくだい）⓪　　syukudai　　　[词组]　　作业

出発（しゅっぱつ）⓪　　syuppatu　　　[词组]　　出发

课文

1　A：すみません、先生、靴を脱がなくてもいいですか。

　　B：いいえ、靴を脱いでから部屋に入ってください。

A：はい、分かりました。

あのう、明日、用事がありますから、学校へ来なくてもいいですか。

B：そうですか。はい、いいです。

2　A：これから試験を 行います。

B：先生、辞書を見てもいいですか。

A：いいえ、辞書もノートも見てはいけません。

3　A：もう昼ご飯を食べましたか。

B：いいえ、まだです。パクさんは？

A：私もまだ食べていません。一緒に食べに行きませんか。

B：いいですよ。

A：ええと、お酒を飲んでもいいですか。

B：いいえ、午後は仕事がありますから、お酒を飲んではいけません。

语法・练习

1　～てもいいです。

　　这是表示"允许"的惯用句型。由动词连用形（五段动词发生音便）接「てもい
いです」构成，相当于汉语的"可以～，允许～"。

例：

▲ここでタバコを吸ってもいいです。

▲映画館でしゃべってもいいです。

▲ドイツ語で話してもいいです。

▲この資料を見てもいいです。

2 ～てはいけません。

这是表示"禁止"的惯用句型。由动词连用形（五段动词发生音便）接「てはいけません」相当于汉语的"不行～，不准～"。

例：

▲この 薬 <ruby>くすり</ruby>を食<ruby>た</ruby>べてはいけません。

▲ここで駐 車<ruby>ちゅうしゃ</ruby>してはいけません。

▲遅刻<ruby>ちこく</ruby>してはいけません。

▲この 食 品<ruby>しょくひん</ruby>を手<ruby>て</ruby>で持<ruby>も</ruby>ってはいけません。

3 ～てもいいですか。

这是表示"允许"句型的疑问形式。相当于汉语的"可以～吗？"

例：

▲A：今帰<ruby>いまかえ</ruby>ってもいいですか。

B：はい、どうぞ。

▲A：明日<ruby>あした</ruby>、休<ruby>やす</ruby>んでもいいですか。

B：いいえ、休<ruby>やす</ruby>んではいけません。

4 もう／まだ

「もう」是副词，表示"已经"，一般和过去式相呼应；「まだ」也是副词，表示"还没～"后面一般接过去否定式。

例：

A：もう辞書<ruby>じしょ</ruby>を調<ruby>しら</ruby>べましたか。

B：はい、もう調<ruby>しら</ruby>べました。（是的，已经查了。）

／いいえ、まだ調べていません。（不，还没查。）

短文

いろいろな規則<ruby>きそく</ruby>

日本<ruby>にほん</ruby>ではいろいろな規則<ruby>きそく</ruby>があります。特<ruby>とく</ruby>にゴミを捨<ruby>す</ruby>てる規則<ruby>きそく</ruby>には燃<ruby>も</ruby>えるゴミと燃<ruby>も</ruby>えないゴミを分<ruby>わ</ruby>けます。混<ruby>ま</ruby>ざってはいけません。場所<ruby>ばしょ</ruby>によって、捨<ruby>す</ruby>てる日<ruby>ひ</ruby>が違<ruby>ちが</ruby>います。大体 週<ruby>だいたいしゅう</ruby>に燃<ruby>も</ruby>えるゴミは二、三回出<ruby>さんかいだ</ruby>します。燃<ruby>も</ruby>えないゴミは 週 に一回<ruby>しゅう　いっかい</ruby>ぐらい

出します。例えば、月曜日、水曜日と金曜日が燃えるゴミは出してもいいです。その日に燃えないゴミは出してはいけません。粗大ゴミは普通の日に出してはいけません。指定の日だけ大丈夫です。

　これは日本生活の基本的な規則です。ほかにはいろいろな規則もあります。

補充単词

規則（きそく）①	kisoku	[名]	规则
特に（とくに）①	tokuni	[副]	特别
ゴミ②	gomi	[名]	垃圾
捨てる（すてる）⓪	suteru	[他一]	扔掉，抛弃
燃える（もえる）③	moeru	[自一]	燃烧
混ざる（まざる）②	mazaru	[自五]	掺杂，掺混
分ける（わける）②	wakeru	[他一]	区分
場所（ばしょ）⓪	basyo	[名]	地方
だいたい⓪	daitai	[副]	大体上
違う（ちがう）③	tigau	[自五]	不同
粗大（そだい）⓪	sodai	[名・形动]	粗大
基本的（きほんてき）⓪	kihonteki	[形动]	基本的

練習

一、仿照例句进行句型替换练习。

例：読む　　<u>読んでもいいですか。</u>/はい、<u>読んでもいいです。</u>

いいえ、<u>読んではいけません。</u>

①持つ_____。/はい、_____。

いいえ、_____。

②食べる_____。/はい、_____。

いいえ、_____。

③する_____。/はい、_____。

いいえ、_____。

④話す_____。/はい、_____。

いいえ、＿＿＿＿＿＿＿＿＿＿＿＿。

⑤帰る＿＿＿＿＿＿＿＿＿＿。/はい、＿＿＿＿＿＿＿＿＿＿＿＿。

いいえ、＿＿＿＿＿＿＿＿＿＿＿＿。

⑥来る＿＿＿＿＿＿＿＿＿＿。/はい、＿＿＿＿＿＿＿＿＿＿＿＿。

いいえ、＿＿＿＿＿＿＿＿＿＿＿＿。

二、仿照例句进行会话替换练习。

1　看图说话

例：ビールを飲む。

A: はい、飲んでもいいです。

B: いいえ、飲んではいけません。

① 電気をつける　　　　　　　☑

A: ＿＿＿＿＿＿＿＿＿＿＿＿＿＿＿＿

B: ＿＿＿＿＿＿＿＿＿＿＿＿＿＿＿＿

② 部屋で音楽を聞く　　　　　☒

A: ＿＿＿＿＿＿＿＿＿＿＿＿＿＿＿＿

B: ＿＿＿＿＿＿＿＿＿＿＿＿＿＿＿＿

③ 映画館で大きい声をする　　☒

A: ＿＿＿＿＿＿＿＿＿＿＿＿＿＿＿＿

B: ＿＿＿＿＿＿＿＿＿＿＿＿＿＿＿＿

④　窓を開ける　　　　　　　　　☑

A: ＿＿＿＿＿＿＿＿＿＿＿＿＿＿＿＿

B: ＿＿＿＿＿＿＿＿＿＿＿＿＿＿＿＿

⑤明日学校を休む　　　　　　　　☒
　<ruby>明日<rt>あした</rt></ruby><ruby>学校<rt>がっこう</rt></ruby>を<ruby>休<rt>やす</rt></ruby>む

A: ＿＿＿＿＿＿＿＿＿＿＿＿＿＿＿＿

B: ＿＿＿＿＿＿＿＿＿＿＿＿＿＿＿＿

2　例　ここで、<ruby>絵<rt>え</rt></ruby>を<ruby>描<rt>か</rt></ruby>く

　　　　（はい）→はい、描いてもいいです。

　　　　（いいえ）→いいえ、描いてはいけません。

① エアコン、つける

　　（はい）→＿＿＿＿＿＿＿＿＿＿＿＿＿＿＿＿＿＿

　　（いいえ）→＿＿＿＿＿＿＿＿＿＿＿＿＿＿＿＿＿

②<ruby>学校<rt>がっこう</rt></ruby>で<ruby>お酒<rt>さけ</rt></ruby>を<ruby>飲<rt>の</rt></ruby>む

　　（はい）→＿＿＿＿＿＿＿＿＿＿＿＿＿＿＿＿＿＿

　　（いいえ）→＿＿＿＿＿＿＿＿＿＿＿＿＿＿＿＿＿

③<ruby>家<rt>いえ</rt></ruby>へ<ruby>帰<rt>かえ</rt></ruby>る

　　（はい）→＿＿＿＿＿＿＿＿＿＿＿＿＿＿＿＿＿＿

　　（いいえ）→＿＿＿＿＿＿＿＿＿＿＿＿＿＿＿＿＿

④ここで <ruby>車<rt>くるま</rt></ruby> を<ruby>止<rt>と</rt></ruby>める

　　（はい）→＿＿＿＿＿＿＿＿＿＿＿＿＿＿＿＿＿＿

　　（いいえ）→＿＿＿＿＿＿＿＿＿＿＿＿＿＿＿＿＿

⑤ドアを<ruby>開<rt>あ</rt></ruby>ける

（はい）→＿＿＿＿＿＿＿＿＿＿＿＿＿＿＿＿＿＿＿＿

（いいえ）→＿＿＿＿＿＿＿＿＿＿＿＿＿＿＿＿＿＿＿

3　例：もうご飯を食べる　［これから］

　　はい、もう食べました。
　　いいえ、まだ食べていません。これから食べます。

① もう宿題を書く　　［後で］

　　（はい）→＿＿＿＿＿＿＿＿＿＿＿＿＿＿＿＿＿＿＿

　　（いいえ）→＿＿＿＿＿＿＿＿＿＿＿＿＿＿＿＿＿＿

② もう仕事が終わる　［もうすぐ］

　　（はい）→＿＿＿＿＿＿＿＿＿＿＿＿＿＿＿＿＿＿＿

　　（いいえ）→＿＿＿＿＿＿＿＿＿＿＿＿＿＿＿＿＿＿

③ もう出発する。［すぐ］

　　（はい）→＿＿＿＿＿＿＿＿＿＿＿＿＿＿＿＿＿＿＿

　　（いいえ）→＿＿＿＿＿＿＿＿＿＿＿＿＿＿＿＿＿＿

三、阅读短文回答问题。

① ゴミを捨てる時、何ゴミと何ゴミに分けますか。
② 場所によって、捨てる日は違いますか。
③ 週に燃えないゴミは何回出しますか。
④ 粗大ごみは普通の日に出してもいいですか。

日常用语

道中、ご無事で。／祝您一路平安。
どうぞ、お体を大切に。／请保重身体。

第25課　タバコを吸わないでください

単词

風邪（かぜ）⓪　　　　　　kaze　　　　　　[名]　　　　感冒

北海道（ほっかいどう）③ hokkaidou　[地名]　　　北海道

禁煙（きんえん）⓪　　　　kinen　　　　　[名・自サ]　禁烟，戒烟

のどが痛い　（のどがいたい）nodogaitai　[词组]　　　喉咙痛

熱が出る（ねつがでる）　netugaderu　　[词组]　　　发烧

お風呂に入る（おふろにはいる）ofuronihairu　[词组]洗澡
出発（しゅっぱつ）⓪　　　syuppatu　　　　[名・自サ]　　　出发
出張（しゅっちょう）⓪　　syuttyou　　　　[名・自サ]　　　出差
皆さん（みなさん）②　　　minasan　　　　[名・代]　　　各位
大丈夫（だいじょうぶ）③　daijyobu　　　　[副・形動]　　不要紧，一定行
ぜったい⓪　　　　　　　　zettai　　　　　[副]　　　后接否定，绝对（不）
遅刻（ちこく）⓪　　　　　tikoku　　　　　[名・自サ]　　迟到
ゆっくり③　　　　　　　　yukkuri　　　　　[副・自サ]　　不着急，舒适
お大事に（おだいじに）⓪　odaizini　　　　[词组]　　　保重
　　　　　　★　　　　　★　　　　　★
窓を開ける（まどをあける）　madowoakeru　　[词组]　　　开窗
電気をつける（でんきをつける）denkiwotukeru　[词组]　　　打开电器

閉める（しめる）⓪	simeru	［他一］	关（门，窗）等
止める（とめる）⓪	tomeru	［他一］	停住，止住
無くす（なくす）③	nakusu	［他五］	弄丢
建てる（たてる）②	tateru	［他一］	建造
知らせる（しらせる）④	siraseru	［他一］	通知
大声（おおごえ）③	oogoe	［名］	大声
呼ぶ（よぶ）⓪	yobu	［他五］	喊，叫
受験番号（じゅけんばんごう）⓪③	zyukenbangou	［名］	考号
飼う（かう）①	kau	［他五］	饲养
入れる（いれる）⓪	ireru	［他一］	放进，装入
砂糖（さとう）②	satou	［名］	砂糖
言う（いう）②	iu	［他五］	说
鍵をかける（かぎをかける）	kagiwokakeru	［词组］	上锁
辞書を引く（じしょをひく）	zisyowohiku	［词组］	查字典
忘れる（わすれる）⓪	wasureru	［他一］	忘记

课文

1　A：みなさん、明日、朝6時に出発しますから、ぜったい遅刻しないでください。

　　B：はい。

　　B：朝ご飯はバスで食べてもいいですか。

　　A：はい、大丈夫です。

2　A：すみません、ここ、禁煙ですから、タバコ

　　　　を吸わないでください。

　　B：あっ、すみません。

3　A：木村さん、どうしましたか。

　　B：昨日から、のどが痛くて、熱も出ました。

　　A：病院へ行きましたか。

B：はい、行きました。

A：風邪ですね。ゆっくり休んでください。

B：明日から、北海道へ出張しなければなりません。

A：じゃ、薬を飲んで、今日は早く寝てください。

B：はい。

A：それから、今晩はお風呂に入らないでください。

B：はい、分かりました。

A：じゃ、お大事に。

B：どうもありがとうございました。

语法・句型

动词的简体否定式

动词的简体否定式是由动词的未然形接否定助动词「ない」构成的。相当于"不～"

▲五段动词的未然形是把词尾变成该行的「あ」段假名，再加「ない」构成否定式。

書く →書か → 書かない

話す →話さ → 話さない

立つ → 立た → 立たない

帰る → 帰ら → 帰らない

吸う → 吸わ → 吸わない

▲一段动词的未然形是去掉词尾，再加「ない」构成否定式。

食べる → 食べ → 食べない

見る → 見 → 見ない

開ける　→　開け　→　開けない

起きる　→　起き　→　起きない

▲　サ行変格動詞
する　　→　し　→　しない

▲　カ行変格動詞
くる　　→　こ　→　こない

1　〜　ないでください

这是"请不要〜"的惯用句型。由动词的否定式接「てください」构成。
例：
▲鉛筆を使わないでください。

▲ドアを閉めないでください。

▲お茶に砂糖を入れないでください。

▲会議中しゃべらないでください。

▲電気を消さないでください。

▲あの部屋に入らないでください。

短文

お知らせ

今日は、映画「私の両親」のご招待についてお知らせします。この番組を聞いているみなさんに切符をプレゼントします。ご招待の日は 25日です。時間は午前10時からと、午後6時からです。映画を見たい方は、はがきに映画の名前「私の両親」と、住所、お名前を書いてください。また、午前か午後のどちらかも忘れないでください。

补充单词

お知らせ（おしらせ）⓪	osirase	[名]	通知
両親（りょうしん）	ryousin	[名]	父亲母亲
招待（しょうたい）①	syoutai	[名]	招待
番組（ばんぐみ）⓪	bangumi	[名]	节目
切符（きっぷ）⓪	kippu	[名]	票
プレゼント②	purezento	[名]	礼物

練習

一、仿照例子进行练习。

例：行く→行かない

来る→	死ぬ→	食べる→
読む→	会う→	寝る→
話す→	見る→	来る→
待つ→	起きる→	勉強する→
買う→	借りる→	掃除する→
呼ぶ→	着る→	
走る→	切る→	

2 例：遅刻する→遅刻しないでください。

①家に帰る→

②電気をつける→

③他の人と言う→

④写真をとる→

⑤窓を開ける→

⑥この部屋に入る→

⑦ビールを飲む→

⑧卵を食べる→

⑨たばこを吸う

⑩教室で遊ぶ→

⑪切符を無す→

⑫コンピューターを利用する→

⑬会社を休む→

⑭辞書を引く→

⑮受験番号を忘れる→

⑯どこへも行く→

⑰駐車する→

⑱この電話を使う→

⑲心配する→

⑳大声で呼ぶ→

二、仿照例句进行会话替换练习。

1　看图说话

例：ここで電話をかけてもいいですか。　✖

　　→いいえ、かけないでください。

① テレビをつけてもいいですか。　✖

② タバコを吸ってもいいですか。✖

③ 写真を撮ってもいいですか。✖

④ 犬を飼ってもいいですか。✖

⑤ 高いビルを建ててもいいですか。✖

⑥ 水を飲んでもいいですか。✖

三、阅读短文回答问题。

① 映画の名前は何ですか。

② ご招待の日はいつですか。

③ 映画を見たい方ははがきに何を書きますか。

日常用语

これ、気持ちだけですが、どうぞ。／这只是我的一点心意，请笑纳。

何もありませんが、どうぞ召し上がってください。／没准备什么，请随便吃。

第 26 課　早く起きなければなりません

単词

 治る（なおる）②　naoru　[自五]　病愈、痊愈

 体（からだ）⓪　karada　[名]　身体

 怪我（けが）②　kega　[名]　伤，过错

 時間がかかる　zikangakakaru　[词组]　费时间

 気をつける（きをつける）kiwotukeru　[词组]　注意

しばらくですね　sibarakudesune　[寒暄]　好久不见

どのくらい③　donogurai　[疑]　多少钱、多长时间

でしょう②　desyou　[连语]「だろう」的郑重说法，表示推测

時間がある（じかんがある）　zikangaaru　[词组]　有时间

★　　　　　　★　　　　　　★

伝える（つたえる）⓪　tutaeru　[他一]　传达，转告

返す（かえす）①　kaesu　[自五]　送还，回报

テープレコーダ⑤　te-pureko-da　[名]　磁带式录音机

ソース①　so-su　[名]　调味汁

入れる（いれる）　ireru　[他一]　放进，装入

タクシー①　takusi-　[名]　出租车

月末（げつまつ）⓪　getumatu　[名]　月末

レポート②	repo-to	[名]	报告，通讯报道
塩（しお）②	sio	[名]	盐
試験を受ける（しけんをうける）	sikenwoukeru	[词组]	参加考试
病気になる（びょうきになる）	byoukininaru	[词组]	生病
靴を脱ぐ（くつをぬぐ）	kutuwonugu	[词组]	脱鞋
宿題を出す（しゅくだいをだす）	syukudaiwodasu	[词组]	交作业
辞書を調べる（じしょをしらべる）	zisyowosiraberu	[词组]	查词典

课文

1　A：すみません。山田さんはいますか。

　　B：やあ、 張 さん、しばらくですね。怪我は治りましたか。

　　A：はい、もう大丈夫ですから、心配しないでください。

　　B：それはよかったですね。

　　　　……

　　A：もう 11 時ですね。帰らなければなりません。

　　B：じゃあ。 体 に気を付けてください。

　　A：はい、ありがとうございます。

2　A：李さん、家から会社まで 車 でどれぐらいかかりますか。

　　B：1 時間半くらいです。

　　A：そうですか。じゃ、朝早く起きなければなりませんね。

　　B：ええ、毎朝5時に起きなければなりません。

　　A：大変ですね。

语法・句型

1　～　なければなりません

　　动词的未然形接「なければなりません」构成"必须"的惯用句型，相当于汉语的"必须，应该"。

例：

　　▲辞書を調べなければなりません。

▲来週、中国に帰らなければなりません。

▲今日部屋を掃除しなければなりません。

▲明日学校に行かなければなりません。

▲友達に伝えなければなりません。

▲単語をたくさん覚えなければなりません。

▲靴を脱がなければなりません。

▲夜12時に寝なければなりません。

2 ～ なくてもいいです

　这是表示"允许"的惯用句型，由动词的未然形接「なくてもいいです」构成，相当于"即使不～也行、也可以"。
例：

▲すぐ返さなくてもいいです。

▲名前を書かなくてもいいです。

▲電話をかけなくてもいいです

▲テープレコーダを使わなくてもいいです。

▲ソースを入れなくてもいいです。

3 ～ までに

　是「まで」和「に」构成的，接在时间名词后，相当于"到～为止"。「に」是时间点。
例：

▲九時までに学校へ行かなければなりません。

▲月曜日までに宿題を出してください。

▲月末までに論文を書かなければなりません。

4　から

　　「から」是接续助词，接在前一个句子的终止形后，表示原因、理由。相当于汉语的"因为…所以…"。

▲安かったから、買いました。

▲暑いから、窓を開けてください。

短文

にほんせいかつ
日本生活のマナー

　　外国人が日本で生活を始める時、気をつけなければならないことがいろいろあります。

　　例えば、日本では交通規則を守らなければなりません。また、日本人は音に敏感です。ドアは静かに閉めましょう。また、公共の場で大声で話すのは避けたほうがいいでしょう。

　　プライバシーも大切です。他人に「給料はいくらですか。」と聞いてはいけません。その外、ゴミの捨てる方には注意しなければなりません。

补充单词

マナー①	mana-	[名]	礼节，规矩
外国人（がいこくじん）④	gaikokuzin	[名]	外国人
気をつける（きをつける）	kiwotukeru	[词组]	注意
守る（まもる）②	mamoru	[他五]	遵守
音（おと）②	oto	[名]	声音
敏感（びんかん）⓪	binkan	[名・形动]	敏感
公共（こうきょう）⓪	koukyou	[名]	公共
場（ば）⓪	ba	[名]	场所，场合
避ける（さける）②	sakeru	[他一]	顾忌，躲避
プライバシー②	puraibasi-	[名]	隐私，私生活
給料（きゅうりょう）①	kyuuryou	[名]	工资
注意（ちゅうい）①	tyuui	[名・自サ] 注意

练习

一、仿照例句进行句型替换练习。

1 例：使う→使わない→使わなければなりません→使わなくてもいいです

① 調べる→　　　　　→　　　　　　　　→

② 読む→　　　　　→　　　　　　　　→

③ 働く→　　　　　→　　　　　　　　→

④ 寝る→　　　　　→　　　　　　　　→

⑤ 立つ→　　　　　→　　　　　　　　→

⑥ 乗る→　　　　　→　　　　　　　　→

⑦ 見る→　　　　　→　　　　　　　　→

⑧ 来る→　　　　　→　　　　　　　　→

⑨ する→　　　　　→　　　　　　　　→

⑩ 運転する→　　　　　→　　　　　　　　→

2 例：帽子をかぶる→帽子をかぶらなければなりません。

① かばんを持つ→

② 平仮名を覚える→

③ 飛行機に乗る→

④ レポートを出す→

⑤ 自動車を止める→

⑥ 切手をはる→

⑦ 日本語で話す→

⑧ 注射する→

3　例：辞書を調べない→辞書を調べなくてもいいです。

①塩をいれない→

②日本語で読まない→

③部屋を掃除しない→

④試験を受けない→

⑤窓をあけない→

⑥朝早く起きない→

⑦靴を脱がない→

⑧切符を買わない→

二、仿照例句进行会话替换练习。

1　例：明日試験です、勉強する。

　　　　→明日試験ですから、勉強しなければなりません。

① お客さんが来ます、部屋を掃除する。

②病気になります、病院に行く。

③明日は出張です、早く起きる。

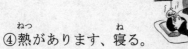

④熱があります、寝る。

⑤日曜日です、休む。

2　例：明日は晴れです、傘を持つ。

　　　　→A：明日は晴れですから、傘を持たなくてもいいですか。
　　　　　B：はい、いいです。

① 寒くないです、コートを着る

　→A：＿＿＿＿＿＿＿＿＿＿＿＿＿＿＿＿＿＿＿＿＿＿

　B：＿＿＿＿＿＿＿＿＿＿＿＿＿＿＿＿＿＿＿＿＿＿

② カードで買う、お金を払う

　→A：＿＿＿＿＿＿＿＿＿＿＿＿＿＿＿＿＿＿＿＿＿＿

　B：＿＿＿＿＿＿＿＿＿＿＿＿＿＿＿＿＿＿＿＿＿＿

③ 歩いて行く、タクシーを呼ぶ。

　→A：＿＿＿＿＿＿＿＿＿＿＿＿＿＿＿＿＿＿＿＿＿＿

　B：＿＿＿＿＿＿＿＿＿＿＿＿＿＿＿＿＿＿＿＿＿＿

④ 電車に乗る、車を運転する。

　→A：＿＿＿＿＿＿＿＿＿＿＿＿＿＿＿＿＿＿＿＿＿＿

　B：＿＿＿＿＿＿＿＿＿＿＿＿＿＿＿＿＿＿＿＿＿＿

⑤ もう元気です、薬を飲む。

　→A：＿＿＿＿＿＿＿＿＿＿＿＿＿＿＿＿＿＿＿＿＿＿

　B：＿＿＿＿＿＿＿＿＿＿＿＿＿＿＿＿＿＿＿＿＿＿

3　例：会社に何時までに行かなければなりませんか。（9時）

　　　　→9時までに行かなければなりません。

　　　　電車に乗らなければなりませんか。（いいえ、近いです）

　　　　→いいえ、近いですから、電車に乗らなくてもいいです。

① 雑誌は、いつまでに返さなければなりませんか。（明日）

→＿＿＿＿＿＿＿＿＿＿＿＿＿＿＿＿＿＿＿＿＿＿＿＿＿＿＿

② 制服を毎日着なければなりませんか。（いいえ、月曜日だけです）

→＿＿＿＿＿＿＿＿＿＿＿＿＿＿＿＿＿＿＿＿＿＿＿＿＿＿＿

③ 朝早く来なければなりませんか。（いいえ、9時半に始まります）

→＿＿＿＿＿＿＿＿＿＿＿＿＿＿＿＿＿＿＿＿＿＿＿＿＿＿＿

④ 毎日ピアノをどのぐらい練習しなければなりませんか。（2時間ぐらい）

→＿＿＿＿＿＿＿＿＿＿＿＿＿＿＿＿＿＿＿＿＿＿＿＿＿＿＿

⑤ もう帰らなければなりませんか。（いいえ、まだ早いです）

→＿＿＿＿＿＿＿＿＿＿＿＿＿＿＿＿＿＿＿＿＿＿＿＿＿＿＿

三、阅读短文回答问题。

① 日本人は音に敏感ですか。

② 公共の場で大声で話してもいいですか。

③ 他人に何を聞いてはいけませんか。

日常用语

わざわざお迎えいただき、ありがとうございました。／谢谢你特意来接我。

さぞお疲れになったでしょう。／一路上辛苦了吧。

第 27 課　鈴木さんは野球ができます

单词

野球（やきゅう）⓪	yakyuu	[他五]	棒球
押す（おす）②	osu	[他五]	推，挤
包装（ほうそう）⓪	housou	[名・他サ]	包装
包む（つつむ）②	tutumu	[他五]	包装，包裹
スキー②	sukii	[名]	滑雪
近頃（ちかごろ）②	tikagoro	[名]	最近
国（くに）⓪	kuni	[名]	国家
盛ん（さかん）⓪	sakan	[形动]	旺盛，强健
できる②	dekiru	[自上一]	能，会，完成
やる⓪	yaru	[他五]	做，干，给予
ぜひ①	zehi	[副]	一定，务必
読み方（よみかた）④	yomikata	[名]	读法
意味（いみ）①	imi	[名]	意思
★	★	★	
文型（ぶんけい）⓪	bunkei	[名]	句型
内容（ないよう）⓪	naiyou	[名]	内容
発音（はつおん）⓪	hatuon	[名]	发音
ゴルフ①	gorufu	[名]	高尔夫
ローマ字（ろうまじ）③	ro-mazi	[名]	罗马字，拉丁字母
ファイル①	fairu	[名]	文件
ダウンロード④	daunro-do	[名・他サ]	下载
プログラミング④	puroguramingu	[名・自サ]	编程

课文

1 A：鈴木さん、お久しぶりですね。お元気ですか。

B：おかげさまで、元気です。

A：近頃、出かけましたか。

B：ええ、日本へ帰りました。

A：鈴木さんの国では野球が盛んでいますね。鈴木さんは

できますか。

B：はい、できます。

A：じゃあ、今度の土曜日、いっしょにやりませんか。

B：ええ、いいですね。ぜひやりましょう。

2 A：アンジニさん、この漢字の読み方が分かりますか。

B：どの漢字ですか。…ああ、その漢字ですか。

A：意味は分かりますが、読み方は分かりません。

B：えーと、すみません。わたしも分かりません。先生に聞

きましょう。

A：ええ、そうしましょう。

3 A：すみません、ちょっといいですか。

B：はい、どうしましたか。

A：このパソコンの使い方が分かりません。

B：ああ、これは、ここを押してから使ってください。

A：そうですか。分かりました。ありがとうございました。

语法・句型

1　体言は名词ができます／できません。

「できる」是表示某种能力，相当于汉语的"会"或者"能"。

例：

▲野田さんはスキーができます。

▲日本語の歌ができません。

▲パクさんはフランス語ができます。

▲マリさんは野球ができません。

2　体言は　名詞が分かります／分かりません。

「分かる」是表示理解的自动词，相当于汉语的"懂"或者"明白"。

例：

▲田中さんは英語がわかります。

▲サリさんはこの文型が分かりません。

▲張 さんは文 章 の内容が分かりません。

3　～ 方

「かた」接在动词的连用形后，构成复合名词，表示动作的进行方式。相当于"……方法"。

例：

▲日本語の発音の読み方が分かりません。

▲この辞書の使い方を教えてください。

▲フランス料理の作り方を知っていますか。

▲李さんの荷物の送り方を知っていますか。

▲この包装の包み方を教えてください。

▲卒 業 論 文の書き方を勉 強 しました。

短文

日本語の 勉 強

　私 たちは大学に入ってから、日本語を習いはじめました。もう、半年になりました。日本語は英語より 難 しいです。特に文法です。

　いま、やさしい会話はできますが、 難 しいことはまだ言えません。 短 い文ができますが、長い文を書くことはできません。

　日本の映画をときどき見ます。しかし、あるところは分かりません。今から、日本語の 勉 強 にがんばりたいと思います。

補充単词

文法（ぶんぽう）⓪	bunpou	[名]	语法、文法
文（ぶん）①	bun	[名]	文章
がんばる（がんばる）③	ganbaru	[自五]	努力、加油
思う（おもう）②	omou	[他五]	想、感到

練習

一、仿照例句进行句型替换练习。

1　例　木村さん・中国語→<u>木村さんは中国語ができます。</u>

① 私 ・ 車 の運転→

② 鈴木さん・タイプ→

③ 王さん・水泳→

④ 陳先生・日本語の歌→

⑤ ブラウンさん・テニス→

2　例　キムさん・サッカー→<u>キムさんはサッカーができません。</u>

① 田中さん・インド語→

② アンジニさん・中国語→

③ 張 さん・水泳→

④ 張<ruby>ちょう</ruby>さん・料理<ruby>りょうり</ruby>→

⑤ 李<ruby>り</ruby>さん・野球<ruby>やきゅう</ruby>→

3 例 宋<ruby>そう</ruby>さん・イタリア語<ruby>ご</ruby> →宋<ruby>そう</ruby>さんはイタリア語<ruby>ご</ruby>がわかります。

① 田中<ruby>たなか</ruby>さん・中国語<ruby>ちゅうごくご</ruby>→

② 野田<ruby>のだ</ruby>さん・この文章<ruby>ぶんしょう</ruby>→

③ ブラウンさん・この漢字<ruby>かんじ</ruby>→

④ 許<ruby>きょ</ruby>さん・日本語<ruby>にほんご</ruby>のローマ字<ruby>じ</ruby>→

⑤ 福山<ruby>ふくやま</ruby>さん・難<ruby>むずか</ruby>しい言葉<ruby>ことば</ruby>→

4 例：楊<ruby>よう</ruby>さん・パソコン、使<ruby>つか</ruby>う→楊<ruby>よう</ruby>さんはパソコンの使い方がわかりません。

① 祖母・携帯電話<ruby>けいたいでんわ</ruby>でメール、やる→

② 沙里<ruby>さり</ruby>さん・日本語<ruby>にほんご</ruby>の漢字<ruby>かんじ</ruby>、読<ruby>よ</ruby>む→

③ 範<ruby>はん</ruby>さん・英語<ruby>えいご</ruby>の文章<ruby>ぶんしょう</ruby>、書<ruby>か</ruby>く→

④ 林<ruby>はやし</ruby>さん・ファイル、ダウンロードする→

⑤ マリさん・お寿司<ruby>すし</ruby>、作<ruby>つく</ruby>る→

二、仿照例句进行会话替换练习。

1 看图说话

例： A：あなたは何語<ruby>なに</ruby>ができますか。

B：私<ruby>わたし</ruby>は日本語<ruby>にほんご</ruby>ができます。

私は日本語ができます。

①テニス　②スキー　③ダンス　④ギター

2　例：あなたは日本語ができますか。

　　　→　はい、できます。

① あなたは英語^{えいご}ができますか。

　→

② あなたはフランス語^ごがわかりますか。

　→

③ あなたはパソコンの使^{つか}い方^{かた}がわかりますか。

　→

④ あなたは野球^{やきゅう}ができますか。

　→

⑤ あなたはプログラミングのことがわかりますか。

　→

三、阅读短文回答问题。

① 日本語^{にほんご}を勉強^{べんきょう}して何年^{なんねん}になりましたか。

② 英語^{えいご}は日本語^{にほんご}より難^{むずか}しいですか。

③ いま、何^{なに}ができますか。何^{なに}ができませんか。

日常用语

頑張^{がんば}ってください。／加油！

頑張^{がんば}ります。／我会努力的。

第28課　日本人と話すことができます

単词

一生懸命（いっしょうけんめい）⑤ issyoukenmei［形动］　努力拼命

海鮮（かいせん）⓪　　kaisen　　　　［名］　　　海鲜

ピアノを弾く（ピアノをひく）pianowohiku［词组］　弹钢琴

両替（りょうがえ）⓪　　ryougae　　　　［名・他サ］兑换

修理（しゅうり）① ryuuri　　　［名・他サ］　修理

生活（せいかつ）⓪	seikatu	［名］	生活
慣れる（なれる）②	nareru	［自一］	习惯，适应
なかなか⓪	nakanaka	［副］	很，相当
利用（りよう）⓪	riyou	［他］	利用
紹介（しょうかい）⓪	syoukai	［他］	介绍
ロシア①	rosia	［国名］	俄罗斯
パソコン⓪	pasokon	［名］	电脑
沖縄（おきなわ）⓪	okinawa	［地名］	冲绳
入り口（いりぐち）⓪	iriguti	［名］	入口，门口
燃えゴミ（もえごみ）⓪	moegomi	［名］	可燃垃圾
廊下（ろうか）⓪	rouka	［名］	走廊
大声③	oogoe	［名］	大声
だいたい⓪	daitai	［名・副］	大概，差不多
なる①	naru	［自五］	变为，成为

キャンプ①	kyanpu	[名]	野营
ドル①	doru	[名]	美元
円（えん）①	en	[名]	日元
窓口（まどぐち）②	madoguti	[名]	窗口
駐車場（ちゅうしゃじょう）③	tyuusyazyou	[名]	停车场
受付（うけつけ）⓪	uketuke	[名]	问讯处
飛ぶ（とぶ）②	tobu	[自五]	飞行

课文

1　A：陳さん、こんにちは。

　　B：こんにちは。

　　A：日本に来て、もう1ヵ月になりましたね。

　　B：そうですね。

　　A：日本の生活に慣れましたか。

　　B：だいたい慣れました。

　　A：日本語の勉強はどうですか。

　　A：面白いです。毎日一生懸命勉強しています。

　　B：じゃあ、もう日本人と話すことができますか。

　　A：ええ、少しできます。でも、なかなか上手に話すことができません。

2　A：李さんは日本へ来てからどこかへ旅行しましたか。

　　B：夏休みに北海道へ行きました。

　　A：北海道はどうですか。

　　B：涼しくてきれいです。それに北海道のうみものはおいしいです。

　　A：ああ、いいですね。

语法·句型

1　动词的连体形

动词的连体形和基本形一样，接在体言前面作定语，相当于"的"。

五段动词

会^あいます　→　あう

書^かきます　→　かく

話^{はな}します　→　はなす

一段动词

起^おきます　→　おきる

寝^ねます　　→　ねる

食^たべます　→　たべる

サ变动词

します　→　する

カ变动词

きます　→　くる

2　体言を动词连体形ことができます。／能，会 ～

体言を动词连体形ことができません。／不能，不会～。这是表示"能力"的惯用句型。例：

▲ 絵^えを描^かくことができます。

▲ 車^{くるま}を修理^{しゅうり}することができます。

▲ ピアノを弾^ひくことができます。

▲ 日本語^{にほんご}の小説^{しょうせつ}を読^よむことができます。

▲ 毎朝早^{まいあさはや}く起^おきることができます。

3　なかなか　＋　動詞連体形ことができません。

「なかなか」是副词，"很，非常"，和否定式呼应，"怎么也～不"。

例：

▲　なかなか朝早く起きることができません。

▲　なかなか日本語の小説を読むことができません。

▲　なかなかピアノを弾くことができません。

短文

インターネット

インターネットは私たちの生活に大きな変化をもたらしました。インターネットのおかげで、私たちは世界中のことを知ることができます。図書館に行かなくても自宅で何でも調べることができます。また、インターネットのおかげで通信も便利になりました。昔、手紙では何日もかかりましたが、いまではＥメールのおかげで、すぐにメッセージや写真をおくることができます。

补充单词			
もたらす	motarasu	［他五］	带来
変化（へんか）①	henka	［名・自サ］	变化
世界中（せかいじゅう）⓪	sekaizyuu	［名］	全世界
自宅（じたく）⓪	zitaku	［名］	自己家
通信（つうしん）⓪	tuusin	［名・自サ］	通讯，通信
メッセージ①	messe-zi	［名］	消息
残る（のこる）②	nokoru	［自五］	剩余，残留
技術（ぎじゅつ）①	gizyutu	［名］］	技术
進歩（しんぽ）①	sinpo	［名・自サ］	进步
今后（こんご）①	kongo	［名］	今后，以后
変える（かえる）①	kaeru	［他一］	改变

练习

一、仿照例句进行句型替换练习。

1　把动词敬体还原成基本形

例：書きます→書く

<table>
<tr><td>　い
行きます→</td><td>　ね
寝ます　→</td></tr>
<tr><td>　つか
使います→</td><td>　お
起きます→</td></tr>
<tr><td>　ま
待ちます→</td><td>　つか
疲れます→</td></tr>
<tr><td>　の
乗ります→</td><td>　か
借ります→</td></tr>
<tr><td>　はな
話します→</td><td>します　→</td></tr>
<tr><td>　か
描きます→</td><td>うんてん
運転します→</td></tr>
<tr><td>　し
死にます→</td><td>　か
変えます→</td></tr>
<tr><td>　はこ
運びます→</td><td>　き
来ます　→</td></tr>
<tr><td>　およ
泳ぎます→</td><td>　ひ
弾きます→</td></tr>
<tr><td>　の
飲みます→</td><td>しょうかい
紹 介します→</td></tr>
</table>

2　例　田中さん・英語を話す→<u>田中さんは英語を話すことができます。</u>

① 郭さん・車を運転する→

② 張さん・書道を書く→

③ 妹・日本の歌を歌う→

④ キムさん・ビールを3杯飲む→

⑤ 飛行機・空を飛ぶ→

3　例　両替する→両替することができます。

① お酒、飲む→

② インターネット、利用する→

③ 刺身、食べる→

④ 車、運転する→

⑤ このパソコン、使う→

4 例 松田さん、中国、新聞、読む

→松田さんは中国の新聞を読むことができません。

① アンジニさん、日本語、電話、掛ける

　　　→

② 王さん、タバコ、吸う

　　　→

③ 陳さん、お酒、飲む

　　　→

④ 教室、大きい、声、話す

　　　→

⑤ ここ、駐車する

　　　→

⑥ その本、借りる

　　　→

二、仿照例句进行会话替换练习。

1　看图说话

例　あなたは泳ぐことができますか。

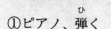

①ピアノ、弾く　②車、修理する　　③歌、歌う　　④パソコン、遊ぶ

2　例　A：電車の中で携帯電話をかけることができますか。

　　　B：いいえ、だめです。電車を降りてから、かけてください。

① A：新幹線で沖縄へ＿＿＿＿＿＿＿＿＿か。

　　B：いいえ、だめです。飛行機で＿＿＿＿＿＿＿ください。

② A：学校の入り口に車を＿＿＿＿＿＿＿＿＿＿か。

　　B：いいえ、だめです。駐車場に＿＿＿＿＿＿＿＿ください。

③ A：廊下に大声で＿＿＿＿＿＿＿＿＿＿＿＿か。

　　B：いいえ、だめです。＿＿＿＿＿＿＿＿＿＿ください。

④ A：日曜日に燃えゴミを＿＿＿＿＿＿＿＿＿＿＿＿か。

　　B：いいえ、だめです。月曜日と水曜日に＿＿＿＿＿＿＿ください。

⑤ A：このレストランで中華料理を＿＿＿＿＿＿＿＿＿＿か。

　　B：いいえ、だめです。あのレストランへ＿＿＿＿＿ください。

三、阅读短文回答问题。

① 何が私たちの生活に大きな変化をもたらしましたか。

② インターネットを利用して何ができますか。

日常用語

いよいよお別れですね。／就要到分别的时候了。

ぜひまたいらっしゃってください。／欢迎下次再来。

第29課　私の趣味は小説を読むことです

单词

ウーロン茶③　　　　　　　　u-rontya　　　　［名］　　烏龙茶

撮る（とる）①　　　　　　toru　　　　　　［他五］　照相，拍摄

撮影（さつえい）⓪　　　　satuei　　　　　［名・他サ］摄影

パンダ①　　　　　　　　　panda　　　　　　［名］　　熊猫

借りる（かりる）⓪ kariru　　　　　　　　［他一］　借
ジャスミン茶①　　　　　　zyasumintya　　［名］　　茉莉花茶
動物園（どうぶつえん）④　doubutuen　　　［名］　　动物园
動物（どうぶつ）⓪　　　　doubutu　　　　　［名］　　动物
趣味（しゅみ）①　　　　　syumi　　　　　［名］　　（业余）爱好
特に（とくに）①　　　　　tokuni　　　　　［副］　　特别
小説（しょうせつ）⓪　　　syousetu　　　　［名］　　小说
　　　　　　　　　★　　　　★　　　　★
海外（かいがい）①　　　　kaigai　　　　　［名］　　海外，国外
準備（じゅんび）①　　　　zyunbi　　　　　［名・自サ］准备
ガソリン⓪　　　　　　　　gasorin　　　　　［名］　　汽油
退勤（たいきん）⓪　　　　taikin　　　　　［名・自サ］下班
お見舞（おみまい）⓪　　　omimai　　　　　［名］　　探望，问候

用意（ようい）①	youi	[名・自他サ]	准备
書類（しょるい）⓪	syorui	[名]	文件
帰国（きこく）⓪	kikoku	[名・自サ]	回国
カーテン①	ka-ten	[名]	窗帘
地図（ちず）①	tizu	[名]	地图
予習（よしゅう）⓪	yosyuu	[名・他サ]	预习
山に登る（やまにのぼる）	yamaninoboru	[词组]	登山
切手を集める（きってをあつめる）	kittewoatumeru	[词组]	集邮

课文

1　A：林さんの趣味は何ですか。

　　B：撮影です。

　　A：どんな写真を撮りますか。

　　B：動物の写真を撮ります。特にパンダが好きです。

　　A：へええ、それは面白いですね。日本へ来てから、パンダの写真を撮り始め

　　　ましたか。

　　A：いいえ。日本ではなかなかパンダを見ることができません。

　　B：上野動物園にいますよ。

　　A：ああ、そうですか。ぜひ行きます。

2　A：張さんは明日何をしますか。

　　B：私は図書館へ行きます。

　　A：図書館へ本を読みに行きますか。

　　B：いいえ、小説を借りに行きます。私の趣味は小説を読むことですから。

　　A：そうですか。

　　B：私はときどき寝る前に小説を読みます。

3　A：野田先生はお茶を飲みますか。

B：ええ、いつもウーロン茶を飲みます。

A：そうですか。 私はジャスミン茶が好きですから、毎日飲みます。

B：コーヒーが好きではありませんか。

A：ええ、好きではありません。

语法・句型

1　趣味は＋动词连体形ことです。

「动词连体形＋形式体言こと」构成判断句的谓语。意思是 "兴趣（爱好）是～。"
例：

① 　私の趣味はメールを書くことです
② 　佐藤さんの趣味はインターネットを利用することです。
③ 　張さんの趣味は山に登ることです。
④ 　王さんの趣味はゲームを遊ぶことです。
⑤ 　私の趣味は切手を集めることです。
⑥ 　李先生の趣味はピアノを弾くことです。

2　～　前に、～

「前に」前面接动词的连体形或动名词，表示这个动作之前做什么，然后再做什么。
相当于汉语的 "…之前，…"

　　Bをする前にAをします

　　例：

▲車を運転する前にガソリンを入れます。
▲食事の前に手を洗います
▲授業の前に単語を予習します。
▲寝る前に、お風呂に入ります。
▲海外旅行をする前に、地図を準備します

短文

趣味（しゅみ）

　私（わたし）の趣味（しゅみ）は車（くるま）を運転（うんてん）することです。5年前（ねんまえ）に、自動車学校（じどうしゃがっこう）へ行（い）って、運転（うんてん）を習（なら）いました。日本（にほん）で20歳（はたち）から、車（くるま）の運転（うんてん）ができます。日本（にほん）には車（くるま）が多（おお）いですから、危（あぶ）ないです。ですから、運転（うんてん）に気（き）をつけなければなりません。私（わたし）は時々家族（ときどきかぞく）と一緒（いっしょ）に車（くるま）でいろいろなところへ遊（あそ）びに行（い）きます。先月（せんげつ）、車（くるま）でスキーに行（い）きました。家内（かない）は車（くるま）を運転（うんてん）することができません。これからも習（なら）いたくないと言（い）っていました。家内（かない）は車（くるま）よりファッションのほうが好（す）きで、新（あたら）しいデザインの服（ふく）を買（か）いたいです。しかし、お金（かね）は足（た）りないですから、すぐ買（か）うことができません。残念（ざんねん）です。

补充单词

ファッション ①	fassyon	[名]	流行，时尚
服（ふく）②	fuku	[名]	服装
足りない(たりない)③	tarinai	[名]	不足，不够

練習

一、仿照例句进行句型替换练习。

1　例　撮（と）ります。 → 私（わたし）の趣味（しゅみ）は写真（しゃしん）を撮（と）ることです。

① インターネットをします。

② テレビを見（み）ます。 →

③ 水泳（すいえい）します→

④ 小説（しょうせつ）を読（よ）みます。 →

⑤ 野球（やきゅう）をします。 →

⑥ 料理（りょうり）を作（つく）ります。 →

2　例　寝る ☛ お風呂、入る。→寝る前に、お風呂に入ります。

①　退勤する ☛　事務室、ドア、閉める　→

②教室、出る ☛ 窓、閉める　→

③電車、乗る ☛ 切符、買う　→

④出かける ☛ カーテン、閉める　→

⑤見舞い、行く ☛ 果物、買う　→

⑥買い物、する ☛ お金、用意する→

3　例　帰国、荷物、準備する　→　帰国の前に荷物を準備します。

①　出張 ☛ 切符、予約する。→

②　雨 ☛ 傘、持つ→

③　食事 ☛ 新聞、読む。→

④　卒業 ☛ 写真、撮る。→

二、仿照例句进行会话替换练习。

1　看图说话

例：田中さんの趣味はなんですか。　泳ぐことです。

①王さん　　　　　　　　　②山田さん

③お父さん　　　　　　　　④恵子さん

⑤　陳さん

2　例　A：朝ご飯のまえに、何をしますか。

　　　B：新聞を読みます。

① A：電車に乗る前に、何をしますか。　　　　　　（切符、買う）

　　B：

② A：食事をする前に、何をしますか。　　　　　　（手、洗う）

　　B：

③ A：授業の前に、何をしますか。　　　　　　（準備する）

　　B：

④ A：寝る前に、何をしますか。　　　　　　（お風呂、入る）

　　B：

⑤ A：出かける前に、何をしますか。　　　　　　（朝ごはん、食べる）

　　B：

⑥ A：<ruby>晩御飯<rt>ばんごはん</rt></ruby>の<ruby>前<rt>まえ</rt></ruby>に、<ruby>何<rt>なに</rt></ruby>をしますか。　　　　　（テレビ、<ruby>見<rt>み</rt></ruby>る）

　　B：

⑦ A：テストをする<ruby>前<rt>まえ</rt></ruby>に、<ruby>何<rt>なに</rt></ruby>をしますか。　　　（<ruby>勉強<rt>べんきょう</rt></ruby>する）

　　B：

三、阅读短文回答问题。

① <ruby>私<rt>わたし</rt></ruby>の<ruby>趣味<rt>しゅみ</rt></ruby>は<ruby>何<rt>なん</rt></ruby>ですか。

② <ruby>日本<rt>にほん</rt></ruby>で<ruby>何歳<rt>なんさい</rt></ruby>から<ruby>車<rt>くるま</rt></ruby>を<ruby>運転<rt>うんてん</rt></ruby>することができますか。

③ <ruby>先月<rt>せんげつ</rt></ruby><ruby>車<rt>くるま</rt></ruby>で<ruby>何<rt>なに</rt></ruby>をしに<ruby>行<rt>い</rt></ruby>きましたか。

④ <ruby>家内<rt>かない</rt></ruby>は<ruby>何<rt>なに</rt></ruby>が<ruby>好<rt>す</rt></ruby>きですか。

日常用语

<ruby>私<rt>わたし</rt></ruby>は<ruby>皆<rt>みな</rt></ruby>さんとご<ruby>一緒<rt>いっしょ</rt></ruby>にできて、とても<ruby>嬉<rt>うれ</rt></ruby>しかったです。／我能和大家在一起感到

非常高兴。

できるだけ<ruby>皆<rt>みな</rt></ruby>さんのご<ruby>要望<rt>ようぼう</rt></ruby>にお<ruby>応<rt>こた</rt></ruby>えしたいと<ruby>思<rt>おも</rt></ruby>います。／我将尽力为大家服务。

第30課　お金を下した後で来てください

かね　おろ　　あと　き

单词

 お金（おかね）⓪　　okane　　［名］　　金钱，货币，金属

 急ぐ（いそぐ）②　　isogu　　［自五］　　赶紧，赶忙

 守る（まもる）②　　mamoru　　［他五］　　遵守，保护

 遊ぶ（あそぶ）③　　asobu　　［自五］　　玩

 見学（けんがく）⓪　kengaku　　［名・他サ］参观学习

 覚える（おぼえる）③ oboeru ［自一］　　记住、感觉

一度（いちど）③　　　itido　　　［名］　　　一次
同じ（おなじ）⓪　　　onazi　　　［形动］　相同的
下ろす（おろす）②　　orosu　　　［他五］　取下，放下，弄下
　　　　　　★　　　　　　　★　　　　　　　★
死ぬ（しぬ）⓪　　　　sinu　　　　［自五］　死亡，无生气
言う（いう）⓪　　　　iu　　　　　［他五］　说，讲
浴びる（あびる）⓪　　abiru　　　［他一］　淋浴，遭受、照晒
貸す（かす）⓪　　　　kasu　　　　［他五］　借出
待つ（まつ）①　　　　matu　　　　［他五］　等待

课文

1　A：すみませんが、木村さんですか。

　　B：失礼ですが、どなたですか。

　　A：中国の王です。一年前に中国の北京で一度

　　　会ったことがあります。

　　B：ああ、王さんですか。どうも失礼しました。

　　A：いえいえ。こちらは張さんです。同じ会社で仕事しています。

　　B：はじめまして、どうぞよろしく。
　　C：こちらこそ、どうぞよろしく。

2　A：こんにちは。
　　B：こんにちは。

　　A：マリさんは学校が終わってから、すぐ家へ帰りますか。

　　B：いいえ、学校が終わってから、アルバイトをして、6時ごろ家へ帰ります。

　　A：そうですか。たいへんですね。がんばってください。
　　B：はい。

3　A：パクさん、今日、授業の後で、一緒に食事
　　　をしませんか。

　　B：いいですね。あ、でも、私は12時に銀行へ

　　　行って、お金を下さなければなりません。

　　A：じゃあ、お金を下したあとで、来てください。

　　B：はい、12時半ごろに行きます。

语法・句型

1 动词的简体过去式

动词的连用形（五段动词发生音便）接过去完了助动词「た」表示动作结束，相当于"了"。五段动词接「た」时要发生音便，变化形式和接「て」一样。如：

五段动词

书く→书いて→书いた

行く→行って→行った

急ぐ→急いで→急いだ

话す→话して→话した

立つ→立って→立った

死ぬ→死んで→死んだ

飞ぶ→飞んで→飞んだ

読む→読んで→読んだ

とる→とって→とった

言う→言って→言った

一段动词

一段动词接「た」时把词尾去掉。如：

起きる→起きて→起きた

见る→见て→见た

食べる→食べて→食べた

寝る→寝て→寝た

カ变动词

来る→来て→来た

サ变动词

する→して→した

勉強する→勉强して→勉强した

2 　～ た後^{あと}で、～

动词简体过去式接「あとで」表示在前一个动作做完之后做下一个动作，相当于
"～之后、～"。

（1）Aをします　（2）Bをします。→AをしたあとでBをします。

例：

▲ 宿題^{しゅくだい}の後^{あと}で友達^{ともだち}と遊^{あそ}びます。

▲ 勉強^{べんきょう}した後^{あと}で音楽^{おんがく}を聞^ききます。

▲ サッカーをした後^{あと}でシャワーを浴^あびます

▲ 結婚^{けっこん}の後^{あと}で家族^{かぞく}を守^{まも}ります

▲ 食事^{しょくじ}の後^{あと}で公園^{こうえん}を散歩^{さんぽ}します。

▲ 見学^{けんがく}の後^{あと}で、感想^{かんそう}を書^かきます。

短文

日本料理^{にほんりょうり}

　しゃぶしゃぶを食^たべたことがありますか。私^{わたし}はまだ食^たべたことがありません。兄^{あに}

は先週食^{せんしゅうた}べに行^いって、とてもおいしかったと言^いっていました。牛肉^{ぎゅうにく}の薄^{うす}ぎりを

熱湯^{ねっとう}の中^{なか}に10秒^{びょう}ぐらい入^いれたあとで、たれをつけて食^たべると聞^ききました。日本^{にほん}の

代表的^{だいひょうてき}な料理^{りょうり}ですから、一度食^{いちどた}べてみたいと思^{おも}います。

補充単词

しゃぶしゃぶ⓪	syabusyabu	[名]	牛肉火锅
薄ぎり（うすぎり）③	usugiri	[名]	刀切的薄片
熱湯（ねっとう）⓪	nettou	[名]	滚开水
たれ②	tare	[名]	酱、佐料
代表的（だいひょうてき）⓪	daihyouteki	[名・形动]	代表的

练习

一、仿照例子进行练习。

1　将下列动词变为简体过去式。

例　書<ruby>書<rt>か</rt></ruby>く→書いた

<ruby>行<rt>い</rt></ruby>く→ 　　　<ruby>と<rt></rt></ruby>る→ 　　　かける→

<ruby>急<rt>いそ</rt></ruby>ぐ→ 　　　<ruby>会<rt>あ</rt></ruby>う→ 　　　<ruby>来<rt>く</rt></ruby>る→

<ruby>貸<rt>か</rt></ruby>す→ 　　　<ruby>話<rt>はな</rt></ruby>す→ 　　　する→

<ruby>待<rt>ま</rt></ruby>つ→ 　　　<ruby>起<rt>お</rt></ruby>きる→ 　　　<ruby>勉強<rt>べんきょう</rt></ruby>する→

<ruby>死<rt>し</rt></ruby>ぬ→ 　　　<ruby>見<rt>み</rt></ruby>る→ 　　　<ruby>食事<rt>しょくじ</rt></ruby>する→

<ruby>呼<rt>よ</rt></ruby>ぶ→ 　　　<ruby>借<rt>か</rt></ruby>りる→

<ruby>読<rt>よ</rt></ruby>む→ 　　　<ruby>食<rt>た</rt></ruby>べる→

2　例　メールを<ruby>書<rt>か</rt></ruby>く　→　メールを書きました　→　メールを書いた

① <ruby>雑誌<rt>ざっし</rt></ruby>を<ruby>読<rt>よ</rt></ruby>む→ 　　　　　　　→

② <ruby>教室<rt>きょうしつ</rt></ruby>へ<ruby>来<rt>く</rt></ruby>る→ 　　　　　　　→

③ <ruby>映画<rt>えいが</rt></ruby>を<ruby>見<rt>み</rt></ruby>る→ 　　　　　　　→

④ <ruby>日本語<rt>にほんご</rt></ruby>で<ruby>話<rt>はな</rt></ruby>す→ 　　　　　　　→

⑤ <ruby>携帯電話<rt>けいたいでんわ</rt></ruby>をかける→ 　　　　　　　→

3　例　<ruby>木村<rt>きむら</rt></ruby>さん、<ruby>早<rt>はや</rt></ruby>く、<ruby>帰<rt>かえ</rt></ruby>る。→木村さんは早く帰った。

① キムさん、CD、<ruby>聞<rt>き</rt></ruby>く　→

② <ruby>田中先生<rt>たなかせんせい</rt></ruby>、コーヒー、<ruby>飲<rt>の</rt></ruby>む　→

③ <ruby>王<rt>おう</rt></ruby>さん、<ruby>写真<rt>しゃしん</rt></ruby>、<ruby>撮<rt>と</rt></ruby>る　→

④ <ruby>沙里<rt>さり</rt></ruby>さん、<ruby>早<rt>はや</rt></ruby>く、<ruby>起<rt>お</rt></ruby>きる→

⑤ <ruby>佐藤<rt>さとう</rt></ruby>さん、<ruby>漫画<rt>まんが</rt></ruby>、<ruby>借<rt>か</rt></ruby>りる→

4 例 食事、する ⇄ 顔、洗う → 食事をしたあとで、顔を洗います。

　　　授業 ⇄ 買い物に行く → 授業のあとで、買い物に行きます。

① テニス、する ⇄ おふろ、入る →

② 食事 ⇄ デパート、行く →

③ 「単語の練習」、する ⇄ 「文法の練習」、する→

④ 会議 ⇄ 李さん、電話、かける→

⑤ 会社、終わる ⇄ 食事、する→

二、仿照例句进行会话练习。

1　看图说话

例　A：勉強したあとで、何をしましたか。

　　B：散歩しました。

①本を見る、　髪を切る

②授業する、ご飯を食べる

③お金を下す、病院に行く

④手紙を出す、食事をする

①A：＿＿＿＿＿＿＿＿＿＿＿＿＿＿＿＿＿＿＿＿＿＿＿＿

　B：＿＿＿＿＿＿＿＿＿＿＿＿＿＿＿＿＿＿＿＿＿＿＿＿

②A：＿＿＿＿＿＿＿＿＿＿＿＿＿＿＿＿＿＿＿＿＿＿＿＿

　B：＿＿＿＿＿＿＿＿＿＿＿＿＿＿＿＿＿＿＿＿＿＿＿＿

③A: _____

   B: _____

④A: _____

   B: _____

2　例　A：授業をしたあとで、いつも何をしますか。

　　　　B：授業をしたあとで？そうですね…

　　　　　インターネットを利用します。それから、テレビを見ます。

① A：夜勉強をしたあとで、いつも何をしますか。

　　B：

② A：仕事が終ったあとで、いつも何をしますか。

　　B：

③ A：晩御飯を食べたあとで、いつも何をしますか。

　　B：

三、阅读短文回答问题。

　　①兄は先週何を食べに行きましたか。
　　②どうやって牛肉の薄切を食べますか。
　　③しゃぶしゃぶは何の料理ですか。

日常用语

皆様とお会いできて、とても嬉しいです。／能与各位见面，感到很高兴。

気に入っていただければ、ありがたいです。／希望你能喜欢。

附录1 总词汇表

※ 注：数字表示课次，"★"表示每课"关联单词"，"补"表示每课"补充生词"

〜かい 〜回	8 补		あつい 暑い	8★
〜がつ 〜月	8★		あつい 熱い	8★
〜さん	5		あとで	20
〜じ 〜時	8 补		あなた	5★
〜だて 〜建て	6 补		あに 兄	8★
〜ちゃん	8 补		あね 姉	8
〜について	20 补		あの	6
〜ばん 〜番	20★		あのひと（あの人）	5
〜や 〜屋	7★		アパート	13★
アイス	17		あびる 浴びる	30★
アイスクリーム	17★		あまい 甘い	23★

【あ ア】

あう 会う	13		あまり	9
あおい 青い	12 补		アメリカ	5
あかい 赤い	21		ありがとうございます	9
あかるい 明るい	8★		ある	7
あきはばら 秋葉原	18		あるく 歩く	10★
あげる	15 补		アルバイト	11★
あさごはん 朝ご飯	10 补		あれ	6
あさって	10★		アンジニ	5
あし 足	8★			

【い イ】

アジア	14 补		いい	8★
あした 明日	10★		いいえ	5
あそこ	7★		いう 言う	25★
あそぶ 遊ぶ	18 补		いえ 家	8
あたたかい 暖かい	12★		いく 行く	10
あたま 頭	23		いくつ	17★
あたまがいい 頭がいい	8★		いくら	16
あたまがいたい 頭が痛い	9		いけ 池	21 补
あたみおんせん 熱海温泉	9★		いけぶくろ 池袋	10★
あたらしい 新しい	8★		いす	7★
あたり 辺り	16 补		いそがしい 忙しい	8★
			いそぐ 急ぐ	20★

げつまつ　月末	26★	
けつろん　結論	22★	
けれども	22 補	
けんがく　見学	30	
げんき　元気	9	
けんきゅうしつ　研究室	6 補	
げんご　言語	9★	
けんとう　検討	22★	

【こ　コ】

こい　鯉	21 補	
こいびと　恋人	13	
こうえん　公園	7★	
こうきょう　公共	26 補	
こうざんじ　高山寺	12 補	
こうちゃ　紅茶	18★	
こうつう　交通	9	
こうべ　神戸	10★	
こえ　声	1	
コート	21	
コーヒー	9★	
コーラ	16★	
コーンスープ	17	
こかげ　木陰	21 補	
こくばん　黒板	7★	
ごご　午後	10 補	
ここ	7★	
ごぜん　午前	11 補	
こちら	16★	
こちらこそ	5	
ことし　今年	5 補	
こども　子供	21 補	
ことり　小鳥	21 補	
この	6	
ゴミ	24 補	
ごりょうしん　ご両親	12	
ゴルフ	27★	
これ	6	
これから	12	
ごろ　〜頃	8 補	

こんかい　今回	13★	
こんご　今后	28 補	
コンサート	12	
こんしゅう　今週	10★	
こんど　今度	12	
こんにちは	9	
こんばんは	7	

【さ　サ】

ざっし　雑誌	8★	
さあ	13	
さい　〜歳	5★	
さいふ　財布	7★19	
さかな　魚	12★	
さかん　盛ん	27	
さき　先	22	
さく　咲く	21 補	
さくぶん　作文	22★	
さくら　桜	9★	
さける　避ける	26 補	
さしみ　刺身	14★	
さつ　札	16	
さつえい　撮影	29	
サッカー	14★	
さとう　砂糖	25★	
さむい　寒い	8★	
さわやか　爽やか	23 補	
ざんぎょう　残業	20 補	
サンダル	21★	
サンドイッチ	17★	
ざんねん　残念	15 補	
さんぽ　散歩	18 補	

【し　シ】

じ　字	12★	
しお　塩	26★	
しかし	8 補	
じかんがかかる　時間がかかる	26	
じかんがある　時間がある	26	
しけん　試験	12★	

ねっとう　熱湯	30 補	
ねる　寝る	10 補	

【の　ノ】

ノート	6
のこる　残る	28 補
ので	17 補
のどがいたい　のどが痛い	25
のみもの　飲み物	16
のむ　飲む	11
のりば　乗り場	22 補
のる　乗る	22

【は　ハ】

ば　場	26 補
パーティー	10★
はい	5
ハイキング	12 補
はいる　入る	20★
はがき	17★
はく	21
はこ　箱	19★
はし　橋	20★
はし　箸	12★
はじまる　始まる	10 補
はじめまして	5
ばしょ　場所	24 補
バス	7★10
バスケットボール	11★
パソコン	12★
はつおん　発音	27★
バトミントン	15
はな　花	13★
はな　鼻	8★
はなす　話す	12★
バナナ	17
はなや　花屋	7
はやい　早い	12★
はやい　速い	8★
バラ	16 補

はる　貼る	20★
ハワイ	14 補
はをみがく　歯を磨く	22
はん　半	11
パン	7★
ハンカチ	7★
ばんぐみ　番組	25 補
ばんごはん　晩ご飯	10 補
ハンサム	13
パンダ	29
ハンバーガー	17★
ピアノ	14★
ピアノをひく　ピアノを弾く	28
ビール	7

【ひ　ヒ】

ひがしがわ　東側	6 補
ひきだし　引き出し	16★
ひく　弾く	14★
ひくい　低い	8★
ひこうき　飛行機	8★
ひだり　左	7★
ひま　暇	9★
びょういん　病院	7★
びょうきになる　病気になる	26★
ひらがな	11★
ビリヤード	13
ビル	20
ひるごはん　昼ご飯	10 補
ひるやすみ　昼休み	10 補
ひろい　広い	8
ひろしま　広島	10★
ひろば　広場	13 補
びんかん　敏感	26 補
ひんしつ　品質	13★
ピンポン	14

【ふ　フ】

ファイル	27★
ファッション	29 補
プール	20★

ふくざつ　複雑	23★	
ふく　服	29 補	
ふじさん　富士山	8★	
ぶたにく　豚肉	14 補	
ふつう　普通	12	
ふなびん　船便	12★	
ふね　船	8★	
ふべん　不便	13★	
プライバシー	26 補	
ブランコ	21 補	
ふらんすご　フランス語	9★	
プリン	17★	
ふるい　古い	8★	
プレゼント	25 補	
プログラミング	27★	
ぶん　文	27 補	
ぶんけい　文型	27★	
ぶんしょう　文章	12★	
ぶんぽう　文法	27 補	

【へ　ヘ】

へいほう　平方	9 補	
へえ	12	
ぺきんだいがく　北京大学	5★	
ベスト	21★	
へた　下手	15	
ベッド	7 補	
べつべつ　別々	18	
へや　部屋	7	
ペン	6★	
へんか　変化	28★	
べんきょう　勉強	8★	
べんとう　弁当	16★	
べんり　便利	9	

【ほ　ホ】

ぼうえき　貿易	20 補	
ぼうし　帽子	21	
ほうそう　包装	27	
ぼうねんかい　忘年会	14★	
ボールペン	6	

ほか	6 補	
ほかに	19	
ほしい	16	
ほっかいどう　北海道	18★	
ホット	17	
ホテル	7★	
ほんかん　本館	6 補	
ほんとうに	12	
ほんや　本屋	16★	
ほん　本	6	

【ま　マ】

マーポーとうふ　マーポー豆腐	14★	
まいあさ　毎朝	10★	
まいしゅう　毎週	6 補	
まいにち　毎日	10	
まいばん　毎晩	15 補	
まえ　前	7	
まがる　曲がる	20	
まざる　混ざる	24 補	
まじめ	23★	
まず	12 補	
まずい	23	
また	13	
まだ	24	
まだまだ	13	
まち　町	8★	
まちあわせる　待ち合わせる	19	
まつ　待つ	22 補	
マッサージ	22★	
まで	11	
まどぐち　窓口	20★	
まどをあける　窓を開ける	25★	
マナー	26 補	
まもる　守る	26 補	
まわり　周り	23 補	
まんが　漫画	21★	
マンション	7 補	

【み　ミ】

みかん	17	

みぎ 右	7★
みぎて 右手	12★
みじかい 短い	8★
みずうみ 湖	23 补
みせ 店	9★
みち 道	16 补
みどり 緑	12 补
みな 皆	22 补
みなさま 皆様	20 补
みなさん	5 补
みやざき 宮崎	14 补
みる 見る	11★
ミルク	11★

【む　ム】

むかえ 迎え	18 补
むかえる 迎える	20 补
むこう 向こう	21 补
むずかしい 難しい	8★

【め　メ】

め 目	8★
メール	12
めがねをかける 眼鏡をかける	21
めずらしい 珍しい	19 补
メッセージ	28 补
メモ	20★
めんせき 面積	9 补

【も　モ】

もう	22 补
もえごみ 燃えゴミ	28
もえる 燃える	24 补
もたらす	28★
もつ 持つ	11★
もっと	17 补
もも 桃	17★
もんだい 問題	9★

【や　ヤ】

やきにく 焼き肉	19★
やきゅう 野球	14
やく 約	9 补

やさい 野菜	14
やさしい	8★
やすい 安い	8★
やすみ 休み	10
やすむ 休む	22★
やちん 家賃	7 补
やま 山	8★
やまにのぼる 山に登る	29★
やる	12 27
やわらかい	23★

【ゆ　ユ】

ゆうがた 夕方	13 补
ゆうしょく 夕食	22★
ゆうびんきょく 郵便局	7
ゆうべ	11★
ゆうめい 有名	9★
ゆっくり	25

【よ　ヨ】

ようい 用意	29★
ようじ 用事	24
ようふく 洋服	16 补
ヨーグルト	19★
ヨーロッパ	14 补
よく	17★
よしゅう 予習	29★
よっぱらう 酔っ払う	22 补
よぶ 呼ぶ	20★
よみかた 読み方	27
よむ 読む	20
よやく 予約	12★
よる 夜	10

【ら　ラ】

らいげつ 来月	10★
らいしゅう 来週	10★
らいねん 来年	10★
ランチ	17

【り　リ】

| りっぱ 立派 | 16 补 |
| りゅうがくけってい 留学決定 | 20 补 |

种类	行	例词	词尾词干	未然形	连用形	终止形	连体形	假定形	命令形	推量形
五段	カ	聞く	き	か	①き ②い	く	く	け	け	こ
	ガ	急ぐ	いそ	が	①ぎ ②い	ぐ	ぐ	げ	げ	ご
	サ	貸す	か	さ	①し ②し	す	す	せ	せ	そ
	タ	打つ	う	た	①ち ②っ	つ	つ	て	て	と
	ラ	終わる	おわ	ら	①り ②っ	る	る	れ	れ	ろ
	ワ	言う	い	わ	①い ②っ	う	う	え	え	お
	ナ	死ぬ	し	な	①に ②ん	ぬ	ぬ	ね	ね	の
	バ	遊ぶ	あそ	ば	①び ②ん	ぶ	ぶ	べ	べ	ぼ
	マ	飲む	の	ま	①み ②ん	む	む	め	め	も
上一段		見る	み	み	み	みる	みる	みれ	①みろ ②みよ	み
		得る	え	え	え	える	える	えれ	①えろ ②えよ	え
サ変		する	(する)	①し ②せ ③さ	し	する	する	すれ	①しろ ②せよ	し
カ変		来る	(くる)	こ	き	くる	くる	くれ	こい	こ
后续词例				ない れる られる せる させる	①ます たい ながら そうだ (样态) ②て、た	结句 そうだ (传闻) らしい	こと もの とき 人	ば		う(五段) よう(五段以外)

注：1.「れる」、「せる」接五段和サ变动词未然形，「られる」、「させる」接其他动词未然形。

2.「サ变」动词未然形接「ない」、接「ぬ」，接「れる」、「せる」。

3.「五段」动词连用形②只接「て」（で）、「た」（だ）和由「て」、「た」引出的句型等。

4.「一段」、「サ变」动词的命令形多为口语使用，一般不用于文章。

5. 有些语法学家将动词词尾变化分为六种，即把"推量形"纳入"未然形"中。

附录 3　日语形容词活用一览表

基本形	词干	词		尾		
		连用形	终止形	连体形	假定形	推量形
面白_{おもしろ}い	おもしろ	①く ②かっ	い	い	けれ	かろ
美_{うつく}しい	うつくし	①く ②かっ	い	い	けれ	かろ
后续词及功能		①中顿，作状语或接「て、も、ない」等 ②接「た」	结句 か が から	体言 のに ので	ば	う

附录 4　日语形容动词活用一览表

基本形	词干	词		尾		
		连用形	终止形	连体形	假定形	推量形
静_{しず}かだ	しずか	①に ②で ③だっ	だ	な	なら	だろ
后续词及功能	か	①修饰体言 ②接「ある、ない」或表中顿 ③接「た、たり、で」	结句 が から	体言 のに ので の	（ば）	う

附录 5 日本传统节日活动一览表

つき 月	ひ 日	ぎょうじ 行　事
いちがつ 一 月	ついたち 一 日	がんじつ 元 日（元旦）
	だいにげつようび 第 二 月 曜 日	せいじん　ひ 成 人 の 日（成人节）
にがつ 二 月	みっか 三 日ごろ	せつぶん 節 分（节分）
	よっか 四 日ごろ	りっしゅん 立 春（立春）
	じゅういちにち 十 一 日	けんこくきねんび 建国記念日（建国纪念日）
さんがつ 三 月	みっか 三 日	まつ ひな 祭 り（女儿节）
	はつか 二十日ごろ	そつぎょうしき 卒 業 式（毕业式）
	にじゅういちにち 二 十 一 日ごろ	しゅんぶん　ひ 春 分 の 日（春分）
しがつ 四月	ついたち 一 日ごろ	にゅうがくしき　にゅうしゃしき 入 学 式、入 社 式（入学日，入社日）
	にじゅうくにち 二 十 九 日	みどり　ひ 緑 の 日（绿节）
ごがつ 五月	ついたち 一 日	メーデー（国际劳动节）
	みっか 三 日	けんぽうきねんび 憲法記念日（宪法纪念日）
	よっか 四 日	こくみん　きゅうじつ 国 民 の 休 日（国民休息日）
	いつか 五 日	こども　ひ　たんご　せっく 子供の日（端午の節句）（儿童节，端午节）
	だいにげつようび 第 二 月 曜 日	はは　ひ 母 の 日（母亲节）

つき 月	ひ 日	ぎょうじ 行事
ろくがつ 六 月	だいさんにちようび 第 三 日 曜 日	ちち ひ 父 の 日（父亲节）
	にじゅういちにち 二 十 一 日 ご ろ	げし 夏至（夏至）
しちがつ 七 月	なのか 七 日	たなばた 七 夕（七夕）
	じゅうごにち 十 五 日	ぼん お 盆（盂兰盆节）
	はつか 二 十 日	うみ ひ 海 の 日（海之日）
はちがつ 八 月	ようか 八 日 ご ろ	りっしゅう 立 秋（立秋）
	じゅうごにち 十 五 日	しゅうせんきねんび 終 戦 記 念 日（终战纪念日）
くがつ 九 月	じゅうごにち 十 五 日	けいろう ひ 敬 老 の 日（敬老日）
	にじゅうさんにち 二 十 三 日 ご ろ	しゅうぶん ひ 秋 分 の 日（秋分）
じゅうがつ 十 月	だいにげつようび 第 二 月 曜 日	たいいく ひ 体 育 の 日（体育节）
じゅういちがつ 十 一 月	みっか 三 日	ぶんか ひ 文 化 の 日（文化节）
	なのか 七 日 ご ろ	りっとう 立 冬（立冬）
	じゅうごにち 十 五 日	しちごさん 七 五 三（七五三）
	にじゅうさんにち 二 十 三 日	きんろうかんしゃ ひ 勤 労 感 謝 の 日（劳动感谢节）
じゅうにがつ 十 二 月	にじゅうににち 二 十 二 日 ご ろ	とうじ 冬至（冬至）
	にじゅうさんにち 二 十 三 日	てんのうたんじょうび 天 皇 誕 生 日（天皇诞生日）
	にじゅうよっか 二 十 四 日	クリスマスイブ（平安夜）